DULCE Y SIN AZÚCAR

Marta García-Orea

80 propuestas fáciles, saludables y deliciosas.

Sin azúcar, sin edulcorantes, sin gluten

Grijalbo

Papel certificado por el Forest Stewardship Council®

Primera edición: noviembre de 2023
Primera reimpresión: noviembre de 2023

© 2023, Marta García-Orea Haro
© 2023, Penguin Random House Grupo Editorial, S.A.U.
Travessera de Gràcia, 47-49. 08021 Barcelona
© 2023, Blanca García-Orea Haro, por el prólogo
© Elena Bau, por las fotografías

Printed in Spain — Impreso en España

ISBN: 978-84-253-6307-8
Depósito legal: B-15.596-2023

Compuesto en Fotocomposición gama, sl
Impreso en Índice, S.L.
Barcelona

GR 6 3 0 7 8

ÍNDICE

PRÓLOGO

Si estás aquí es porque eres goloso/a y/o simplemente porque has decidido cuidar de lo más preciado que tienes: tu salud. Pues estás de enhorabuena, porque has elegido un libro que contiene recetas dulces sin azúcares añadidos, edulcorantes ni aditivos perjudiciales.

El azúcar, las harinas refinadas y los edulcorantes son los componentes clave de nuestra dieta que provocan inflamación. Esta es la base de cualquier enfermedad, pero la buena noticia es que, llevando una buena alimentación, podemos reducirla o, al menos, no agravarla si ya padecemos alguna enfermedad. Además, de esta manera también ayudaremos a que se nuestro sistema absorba mejor la medicación.

Lo que más veo en consulta son pacientes con mucha ansiedad por comer dulce. De hecho, está relacionado con que en los últimos años ha aumentado la venta de comida rápida y de los alimentos procesados (galletas, bollos, bebidas azucaradas, etc.), aunque ahora también es cuando más información tenemos sobre la importancia de la nutrición en nuestra salud y su vínculo con las enfermedades autoinmunes, metabólicas, mentales, etc.

Si tu objetivo es controlar la ansiedad por la comida y por los dulces, con este libro lo lograrás. Aquí te daré la clave para darte el gusto sin que llegue a afectarte y, además, hacerlo de manera saludable. Para reducir esta sensación lo más importante es controlar el pico de glucosa que se produce cuando ingerimos cualquier tipo de alimento. De esta manera evitaremos tener hambre de manera constante, antojos, cansancio, debilidad, ansiedad, irritabilidad, dormir mal, etc. Recuerda que el cerebro y el intestino siempre están comunicados de forma bidireccional a través de millones de neuronas, por lo que saben exactamente qué es lo que pasa en ambos extremos. Así que podemos decir que lo que comemos afecta a cómo nos sentimos. Por tanto, si quieres introducir en tu menú alguno de estos dulces deliciosos, inclúyelo de postre al final de la comida, nunca con el estómago vacío. De esta manera comerás menos cantidad, te sentirás más saciado y no estarás pensando todo el día en el dulce.

No es fácil hacer recetas ricas sin azúcar ni edulcorantes y hay que tener mucha imaginación y paciencia. Así que quería agradecer a mi hermana Marta la gran dedicación que ha puesto en este libro con el que contribuirá a hacer un mundo más saludable, lo necesitamos más que nunca.

Puedo decir de buena mano que desde que era muy pequeña nos ayudaba en la cocina. Siempre le ha gustado cocinar, sus platos son siempre una delicia y ¡si son dulces, aún más!

Dicho esto, ¡manos a la obra y a cocinar!

Blanca García-Orea
Dietista nutricionista

Dulce y sin azúcar

UN POCO DE TEORÍA

Técnicas de repostería saludable

1. MASAS:

En la repostería sin gluten, las masas no tienen cuerpo o esponjosidad, ya que esto es lo que se encarga de dar el volumen y las características deseadas. El azúcar refinado también desempeña un papel importante en la pastelería tradicional, ya que actúa como antihumectante, aumenta la tolerancia a la fermentación de las masas, las estabiliza y las conserva. Por eso, lo primero que voy a hacer es daros algunos trucos y consejos para preparar diferentes tipos de masas con buena textura y cuerpo sin gluten ni azúcar refinado.

1.1. Masas fermentadas

Este tipo de masas necesitan levadura, ya sea seca o fresca, para que se produzca la fermentación. Esta también se puede producir con tiempo, agua y harina sin necesidad de utilizarla. La levadura es un hongo unicelular que produce enzimas capaces de provocar la fermentación alcohólica de los hidratos de carbono, es decir, el azúcar de las materias primas lo convierte en alcohol y dióxido de carbono para multiplicarse, por eso se dice que las masas fermentadas «están vivas». Estas reacciones son las que hacen que las masas cojan volumen.

Para formar masas fermentadas, esponjosas y sin gluten debemos tener en cuenta lo siguiente:

- El almidón va a jugar un papel importante. Además de alimentar a la levadura, aportará una miga voluminosa, esponjosa y estructurada. También ayudará a crear una corteza fina. La cantidad que se debe utilizar sería ⅓ de los ingredientes secos. El de tapioca funciona muy bien.
- La harina de trigo sarraceno aportará más cuerpo y estructura que otros tipos de harina sin gluten, aunque es aconsejable mezclarla con una de otro tipo para que esta no lo dé excesivo

sabor ni demasiada densidad y estructura. La cantidad que se debe utilizar sería de nuevo ⅓ de los ingredientes secos.

- La harina de arroz integral aportará un sabor más suave. Mezclada con otro tipo de harina, por ejemplo, de trigo sarraceno, y el almidón conseguiremos un sabor y textura muy correctas. La cantidad que se debe utilizar sería ⅓ de los ingredientes secos. Por tanto, para hacer un pan dulce, un roscón o brioche, podremos utilizar a partes iguales harina de trigo sarraceno, harina de arroz integral y almidón de tapioca.

- La goma xantana es un espesante que procede del almidón de maíz. Este ingrediente es clave para aportar la elasticidad del gluten, además de dar estructura y forma. Al ser un espesante potente, no se recomienda utilizar mucha cantidad. Lo ideal sería usar un 0,5 % y 1,5 % de los ingredientes secos de la masa.

- El amasado no debe ser excesivo. Una vez se hayan mezclado e integrado bien todos los ingredientes, después de 5 minutos, podemos pasar al tiempo de reposo.

- El tiempo de reposo de la masa es de gran importancia, ya que evitará que quede agrietada y poco flexible. Es recomendable hacer, después del primer amasado, un reposo largo de 30-40 minutos y, en los siguientes, reposos cortos de 10 minutos.

- El tiempo de fermentación dependerá de la temperatura ambiente. Lo ideal es fermentar entre 25 y 30 °C. Un truco fácil es meter la masa en el horno a 30 °C. Cuando la masa doble su volumen, ya estará lista para hornear.

1.2. Masas no fermentadas

Bizcochos y magdalenas:

Algunos trucos para obtener una miga esponjosa y seca:

- Tamiza la harina pasándola por un colador. Tiene que estar aireada y fina para evitar grumos y favorecer una buena homogeneidad de la masa.

- Añade algo de grasa buena, como aceite de oliva virgen extra, aceite de coco de primera extracción en frío, *ghee* o mantequilla. Esto ayudará a que no quede apelmazado y esté más jugoso.

- Los ingredientes tienen que estar a temperatura ambiente, a unos 21 °C.

- Los huevos, además de tener que estar a temperatura ambiente, se deben batir bien hasta que estén blanquecinos. A esta técnica se la llama «blanquear».

- Para endulzar, una buena opción es utilizar fibra de achicoria o purés de fruta. Si la fruta no tiene mucha agua, a diferencia de la sandía, el melón, la piña..., el bizcocho o bollo quedará menos húmedo.
- Siempre es recomendable mezclar primero los ingredientes secos e ir añadiendo los húmedos. Debemos asegurarnos de que no quede ningún grumo y que el resultado sea una masa homogénea.
- Los moldes que utilizamos deben repartir bien el calor. También debemos tener en cuenta el tamaño y ajustar bien la mezcla para que por lo menos queden unas ¾ partes del molde lleno. Los que más aconsejo utilizar son los de silicona 100 % platino.
- Si nos excedemos con la temperatura del horneado, el bizcocho o bollo podría agrietarse o incrementar de volumen solo en la parte central, lo que se conoce como «barriga». Por lo general, no es recomendable sobrepasar los 200 °C de temperatura.
- No abrir el horno hasta que hayan transcurrido al menos ¾ partes del tiempo total de cocción.

Galletas:

- Tamiza siempre los ingredientes secos para que no quede una masa con grumos.
- La mantequilla debe estar bien mezclada con la masa, sin grumos, para conseguir que quede homogénea, consistente y manejable.
- La temperatura de horneado ideal es entre 170 y 180 °C y siempre con el horno precalentado.
- Antes de estirar la masa, enfríala durante 30 minutos para que no esté pegajosa.
- Nunca tritures ni batas la masa. Se trata de integrar en los ingredientes en el orden correcto para conseguir una textura arenosa y crujiente.
- Para hacer más fácil el estirado de la masa, hazlo entre dos papeles vegetales y recuerda que esta tiene que estar bien fría y manejable.
- Para hacer una masa con un grosor fino e igualado, empieza a estirar con el rodillo siempre desde el centro hacia fuera.
- Si vas a cortar las galletas con formas, es recomendable volver a enfriar la masa 10 minutos en la nevera para que el corte sea más limpio. Aprovecha bien la masa, puede volverse a estirar y a cortar.
- El tiempo de horneado dependerá del

grosor de las galletas. Lo normal es que se lleven al horno entre 15 y 25 minutos, aunque hay que ir revisando para evitar que se quemen.

2. HELADOS:

La característica principal de un helado perfecto es la cremosidad y el sabor. Para conseguirlo, se utiliza una gran cantidad de azúcares (jarabes, glucosa, azúcar invertido o miel), ya que tienen una función anticongelante natural. Por tanto, cuanta más cantidad de azúcar tenga, más cremoso y menos cristalizado estará. Otros componentes que ayudan a la textura son los aditivos, los estabilizantes o espesantes, que forman una textura más agradable al paladar y que hacen que mantengan su volumen.

A continuación, os doy algunos consejos para preparar helados caseros de manera fácil y con buenos ingredientes.

- La grasa es un buen ingrediente para aumentar la cremosidad. Puedes utilizar nata, queso en crema, aguacate, crema de frutos secos, yogur griego...
- Introduce aire en la elaboración para reducir los cristales: monta nata, clara, acuafaba o queso mascarpone.
- Elige frutas como endulzantes que contengan poca agua, como el plátano, el melocotón, albaricoques, caquis o frutos rojos.
- Utilizar goma xantana aportará elasticidad, cremosidad y estructura. Solo necesitas entre un 1 % y un 3 % del total de los ingredientes del helado.
- Hacer una cobertura de chocolate es fácil: por cada 100 gramos de chocolate, añadiremos 1 cucharadita de aceite de coco o de oliva para que quede más crujiente.
- Dejar descongelar como mínimo 20 minutos.

Sustitución de huevos, lácteos y azúcar

1. CÓMO SUSTITUIR EL HUEVO:

Aunque la textura no quedará igual, sí podemos conseguir una masa esponjosa si lo sustituimos por alguno de estos ingredientes:

1.1. Lino molido y agua. Esta es una de las mezclas que mejor queda al sustituir el huevo y es perfecta para bizcochos, galletas y magdalenas. Un huevo equivaldrá a una cucharadita de lino molido más 50 mililitros de agua caliente (a 50 °C aproximadamente). Puedes calentarla en pequeños golpes de calor en el microondas y utilizar un termómetro de cocina para medir la temperatura.

Se recomienda no hidratar el lino molido más de 10 minutos. A la hora de preparar una receta, ten en cuenta estos tiempos. Después de hidratarlo, podrás mezclarlo con los ingredientes húmedos y continuar con los pasos de la elaboración.

Se recomienda también moler el lino con un molinillo de café en el momento para evitar que sus ácidos grasos se oxiden. También puedes moler una buena cantidad de semillas y congelarlas. Así

podrás consumirlas directamente y ahorrar tiempo.

Las semillas molidas duran hasta 4 días en la nevera.

> 1 HUEVO = 1 CDTA. DE LINO MOLIDO + 50 ML DE AGUA TEMPLADA

1.2. Acuafaba. Es el líquido de conservación de las legumbres. Su principal beneficio es que tiene una textura y sabor muy parecido al merengue. De hecho, es muy común confundirlos por su gran parecido, por lo que no quedará sabor a legumbre.

Para preparar una elaboración esponjosa, como un bizcocho o una mousse de chocolate, podemos montar la acuafaba exactamente igual que lo haríamos con las claras de huevo. Solamente necesitaremos unas varillas manuales y trabajar el ingrediente con movimientos rápidos y envolventes para introducir aire en la elaboración.

Un huevo sin cáscara pesa alrededor de 50 gramos, el peso de la clara equivale a 30 gramos y la yema, a 20 gramos aproximadamente. Por tanto, si la receta contiene cuatro huevos, pondremos 200 gramos de acuafaba.

> **1 HUEVO = 50 G DE ACUAFABA**

1.3. Harina de garbanzo.
Si queremos hacer tortitas, crepes o wraps, esta opción sería muy acertada. Sustituye cada huevo de la receta por una cucharada de harina de garbanzo más dos cucharadas de agua, leche o bebida vegetal a temperatura ambiente. Mézclalo bien y añádelo a la masa como si fuera un huevo batido.

> **1 HUEVO = 1 CDA. DE HARINA DE GARBANZO + 2 CDAS. DE AGUA, BEBIDA VEGETAL O LECHE A TEMPERATURA AMBIENTE**

1.4. Aceite de oliva, de coco o mantequilla.
Para pintar empanadas, tartas de frutas u hojaldres, como por ejemplo una tarta de manzana, solamente tendrás que derretir el aceite o mantequilla, mojar el pincel y pintar una fina capa encima del alimento antes de hornearla.

> **1 HUEVO = 50 ML DE ACEITE O MANTEQUILLA DERRETIDA**

2. CÓMO SUSTITUIR LOS LÁCTEOS:

Dependiendo de la elaboración que vayamos a hacer, podemos sustituir los lácteos por los siguientes ingredientes:

2.1. Crema o leche de coco.
Sustituye la nata de vaca para montar.
De la leche de coco en lata, solamente seleccionaremos la parte sólida.

Antes de montarla, debemos dejar el envase en la nevera varias horas para que esté bien fría. Luego, necesitaremos unas varillas y hacer el mismo procedimiento que con la nata de vaca. Utilizaremos las mismas cantidades de leche de coco que si lo hiciéramos con nata de vaca.

2.2. Bebidas vegetales.
Son una opción muy fácil para sustituir la leche de vaca. En cualquier receta de bizcocho, magdalenas, tortitas, crepes o galletas, la diferencia será mínima. Además, este tipo de bebidas aportará más dulzor, por lo que son una opción interesante para preparar cualquier clase de postre. Os recomiendo la bebida de avena no hidrolizada, aunque también podéis probar la de coco o de almendra.

Las cantidades de bebida vegetal necesarias son las mismas que las de leche de vaca.

Dulce y sin azúcar

2.3. Quesos cremosos veganos. Sustituyen a los quesos en cremas para hacer pasteles, *frostings* o cremas de tartas. En el mercado venden infinidad de quesos cremosos de frutos secos sin lácteos, aunque también puedes hacerlo en casa muy fácilmente. Aquí te dejo una receta rápida.

> 200 g de anacardos
> 3 cdas. de aceite de coco sólido (frío)
> 50 ml de bebida de almendras
> canela de Ceilán o vainilla en polvo al gusto
> una pizca de sal

Triturar todos los ingredientes hasta conseguir una textura cremosa y suave.

2.4. Aceite de oliva virgen extra untable o aceite de coco. Sustituye a la mantequilla. Para hacer masas de galletas, el aceite de oliva o de coco deben estar muy fríos para que la masa sea manejable y se pueda estirar y cortar.

Para hacer bizcochos, magdalenas o pasteles, se puede utilizar aceite de oliva virgen extra normal o aceite de coco derretido.

También existen mantequillas veganas en el mercado, pero debemos revisar los ingredientes para asegurarnos que no lleven ningún aceite o grasa vegetal refinados.

3. CÓMO SUSTITUIR EL AZÚCAR REFINADO Y LOS EDULCORANTES:

Para empezar a hacer el proceso de cambio, recomiendo ir rebajando la cantidad de azúcar que consumas. Se trata de ir eliminándola poco a poco, incluso puedes añadir edulcorantes para tolerar postres menos dulces, chocolate >85 % de cacao o fruta. La clave es hacerlo con tranquilidad y no de golpe. Puedes disminuir la cantidad de azúcar cada tres o cuatro días o a la semana. El paladar se irá acostumbrando al sabor natural de los alimentos. El proceso será largo, pero dará sus frutos.

3.1. Sustituciones al azúcar y edulcorantes en postres:

ESPECIAS

- Podéis añadir a las elaboraciones canela de Ceilán. Este tipo de canela es más dulce que la Cassia.
- Vaina de vainilla natural. Este sabor os recordará a helados, cremas, bizcochos, galletas...

FRUTAS

- Plátano
- Manzana asada
- Melocotón
- Albaricoques
- Dátiles Medjoul
- Pera
- Ciruela
- Higos y brevas
- Papaya
- Nectarina
- Paraguayo
- Uvas, pasas
- Aguacate

Podéis mezclar estas frutas, chafarlas o triturarlas y añadirlas a las elaboraciones para darles el sabor dulce.

TUBÉRCULOS Y HORTALIZAS

- Patata
- Boniato/batata
- Mandioca/yuca
- Zanahoria
- Remolacha

Al cocer los tubérculos u hortalizas, conseguiremos que sean más dulces. Podéis chafarlos y/o triturarlos con frutas.

OTROS

- Chocolate >85 %
- Cacao puro en polvo
- Fibra de achicoria
- Algarroba en polvo
- Crema de frutos secos
- Bebidas vegetales
- Aceite de coco
- Copos de avena

Dulce y sin azúcar

Gelificantes y espesantes

Aquí te dejo algunos ejemplos de buenos gelificantes y espesantes y cómo utilizarlos en la repostería.

1. GELATINA NEUTRA:

Para hablar de la gelatina, tenemos que conocer los grados Bloom, que es una medida específica de la fuerza y firmeza de esta. Existen tres:

Alto: de 300 grados a 200 grados
Medio: de 120 grados a 200 grados
Bajo: menos de 120 grados

Según los grados Bloom, utilizaremos más o menos cantidad de gelatina. Las gelatinas comerciales que podemos encontrar en supermercados son de bajo grado Bloom. En tiendas de alimentación especializadas o herbolarios sí podremos encontrarlas con un mayor grado.

Solemos encontrar esta información en la parte del etiquetado. En las recetas de este libro he utilizado gelatina de bajo grado Bloom. Si la compráis en tiendas de alimentación especializadas con diferente grado, tened en cuenta esta infor-

mación, ya que podría modificar la textura de la elaboración.

Podemos encontrar dos tipos de formatos de la gelatina neutra. Mi consejo es utilizarla en láminas, ya que su integración e hidratación son menos complejas. A continuación, os explico cómo se utiliza cada una de ellas.

- Gelatina neutra en láminas: cada lámina suele pesar entre 1,4 y 2 gramos aproximadamente. Antes de utilizarla, se debe hidratar en agua fría al menos 5 minutos. Luego hay que incorporarlas en las preparaciones líquidas a más de 40 °C para que se diluya. Cuando esté a punto de hervir, apagaremos el fuego y añadiremos la gelatina.
- En polvo: 9 gramos de gelatina neutra en láminas equivalen a 6 gramos de gelatina en polvo. Esta gelatina también se debe hidratar en agua o un líquido frío. Podemos añadir la cantidad deseada directamente en el ingrediente líquido (por ejemplo, en leche), dejar hidratar 5 minutos y calentar sin llegar a hervir para que se disuelva.

Para 1 litro de agua, se necesitan de 20 a 40 gramos aproximadamente de gelatina neutra, dependiendo de la textura y solidificación que deseemos.

La gelatina solamente gelifica al enfriar, por lo que deberás dejar reposar la preparación en nevera al menos 2 horas. Tiene un poder termorreversible, es decir, se puede volver a derretir si la calentamos y volver a modificarla al enfriarla las veces que sean necesarias.

2. AGAR-AGAR:

Un sustituto a la gelatina podría ser el agar-agar por sus componentes veganos, ya que es un polisacárido que proviene de algas marinas. Tiene un poder espesante y gelificante diez veces mayor a la gelatina, por lo que habría que tener mucho cuidado con las cantidades.

Para 1 litro de agua, se necesitan de 1,5 a 5 gramos de agar-agar, dependiendo de la textura y solidificación que deseemos.

Debemos tener en cuenta que el agar no consigue las mismas propiedades que la gelatina, pues las preparaciones en las que lo utilicemos pueden quedar algo más duras, menos suaves y gelatinosas.

El modo de uso del agar-agar es muy sencillo. Lo más común es utilizarlo en polvo.

Debemos pesar muy bien con una báscula de precisión, ya que son cantidades muy pequeñas. Se añaden los polvos al líquido (ya sea agua, puré de frutas, leche) hirviendo sin dejar de remover durante 3 minutos.

3. GOMA XANTANA:

La goma xantana en un polisacárido que procede de la fermentación del almidón de maíz. Es un espesante y estabilizador de alimentos. En muchas ocasiones se utiliza en «sustitución» del gluten, ya que también aporta elasticidad y estructura a las masas. No solo es una buena opción para elaborar panes, brioches o bizcochos sin gluten con una miga esponjosa y estructurada, sino también para cremas o helados, pues aporta cremosidad, volumen y también actúa como emulsionante.

Es un espesante que actúa a cualquier temperatura y al momento. No tiene poder termorreversible.

La goma xantana se presenta en polvo.

Las cantidades que se deben utilizar son las siguientes:

- Para masas de pan o brioche: entre un 0,5 % y un 1,5 % de los ingredientes secos (harinas).
- Para helados o cremas: de 2 a 4 gramos de goma xantana por cada litro de líquido.

Teoría del chocolate

1. PROCEDENCIA Y TIPOS DE CACAO:

Se cree que el origen del chocolate proviene del año 1500 a. C. Los primeros en descubrir y utilizar el cacao, la principal materia prima del chocolate, fueron los aztecas, quienes desarrollaron la primera bebida de cacao hecha con las hojas de este árbol y especias.

El cacao se da en diferentes partes del mundo en una franja que se extiende a lo largo del ecuador. El principal continente de producción es África, pues supone más de un 60 % de la producción mundial.

Existen tres tipos de cacao en el mundo dependiendo de la zona de cultivo.

- Cacao criollo: se produce en México, las islas caribeñas, Nicaragua, Venezuela, Madagascar, Jamaica y Trinidad, entre otros. Se caracteriza por tener semillas planas y redondas. Es un cacao con aromas afrutados y toques ligeramente amargos.
- Cacao forastero: se cultiva también en Venezuela, Perú, Costa de Marfil, Ghana, Costa Rica, Ecuador y Brasil. Esta variedad de cacao es la más fuerte y robusta, pues tiene gran resistencia a las enfermedades de las plantas. Su sabor es más amargo e intenso.
- Cacao trinitario: es una mezcla entre el cacao criollo y el forastero. Supone un 5 % de la producción mundial. Tiene un amplio rango de sabores con toques muy sutiles, florales, amargos y afrutados. Las zonas donde más se cultiva son Trinidad, Sri Lanka, Nueva Guinea y Camerún.

¿Cómo se transforma el cacao en chocolate?

→ Cosecha
→ Quebrado
→ Fermentación
→ Secado
→ Selección del grano
→ Tostado del grano
→ Descascarillado
→ Molienda
→ Pasta Cacao

2. EL CHOCOLATE:

Una vez el cacao ha pasado todo el proceso desde el cultivo hasta la molienda, la mezcla pasa por un prensado y se lleva a cabo una nueva molienda de la pasta con los demás ingredientes (azúcar, manteca de cacao, leche...) y, tras este proceso, ya podemos llamar chocolate a la mezcla. Por último, pasa por un conchado para reducir o eliminar la acidez de la fermentación del cacao y conseguir una masa homogénea, el último proceso antes de manipularlo para empaquetar.

Dependiendo de cuánto chocolate contenga, estará compuesto por diferentes ingredientes. El chocolate más recomendable es el negro, con más del 85 % de cacao. En el caso del chocolate >85 %, los únicos ingredientes que llevan son: pasta de cacao, manteca de cacao, azúcar y alguna especia como la vainilla.

85 % PASTA DE CACAO Y MANTECA DE CACAO

15 % AZÚCAR Y ESPECIAS

Tableta de chocolate 85 %

Ahora que ya conocemos un poco la historia y el proceso del chocolate, vamos a ver la mejor forma de usarlos en la repostería. Hablamos siempre de chocolates superiores al 85 % de cacao.

¿Para qué se atempera el chocolate?

Se atempera para dar brillo, una textura crujiente y para que su solidificación sea estable y permanente sin necesidad de mantenerlo a bajas temperaturas para conservarlo sin que se derrita o deshaga.

Atemperar es precristalizar la manteca de cacao para que el chocolate adopte las características perfectas y estables. Este proceso se realiza para la elaboración de todo tipo de chocolates. ¿Cómo cuáles?

Para hacer tabletas de chocolate, bombones, dónuts glaseados, galletas bañadas en chocolate, monedas de chocolate y frutos secos, fruta bañada, figuras de chocolate...

Existen muchas formas de atemperarlo, pero os explico una de las más sencillas de hacer en casa.

Vamos a necesitar un termómetro de cocina y un bol. Se trata de seguir las diferentes curvas de temperatura para conseguir la precristalización deseada.

Atemperar chocolate negro:

1. Derretir el chocolate a 50-55 °C al baño María (que no llegue a hervir el agua) o al microondas con pequeños golpes de calor.
2. Dejar enfriar a 27-28 °C en el bol, removiéndolo cada poco tiempo (muy importante remover bien).
3. Volver a calentar el chocolate a 31-32 °C. Si es en el microondas o al baño María, en golpes de calor muy pequeños para no pasarnos.
4. Poner el chocolate en el molde para darle la forma deseada. Dejar enfriar en la nevera para que solidifique rápido y ¡listo!

¡Ya tienes un chocolate estable, brillante y crujiente!

Chocolate negro

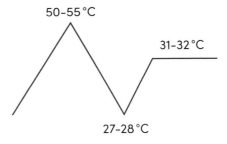

Chocolate con leche

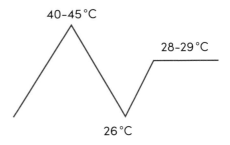

Chocolate blanco

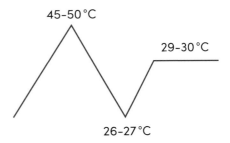

Un poco de teoría

Materiales y tóxicos en la cocina

1. MATERIALES TÓXICOS EN LA COCINA QUE SE DEBEN EVITAR:

Uno de los puntos clave a tener en cuenta cuando revisamos nuestros materiales de cocina es la exposición al calor que las vamos a someter porque las altas temperaturas pueden provocar la expulsión de tóxicos en ciertos materiales. Los que debemos evitar cuando vayamos a exponerlos al calor son:

Plástico: aunque sea libre de BPA (bisfenol A), el plástico sigue soltando sustancias dañinas que se pueden trasladar a la comida y que, por tanto, estaríamos ingiriendo. Evitar sobre todo si va a estar expuesto al calor y en contacto con la comida. Por ejemplo, las tapas de plástico de microondas o calentar la comida en un táper de plástico.

Aluminio: el aluminio es un metal muy abundante y utilizado en la cocina por su gran capacidad de conducción, transmisión del calor y la electricidad. Al estar en contacto con el calor, se comporta de manera inestable y favorece la migración de esta sustancia a los alimentos. No es necesario que esté a altas temperaturas para que se produzca el desprendimiento del material.

Silicona de mala calidad: cuando la silicona no es 100 % platino, no podemos saber qué materiales pueden estar mezclados con ella.

La silicona 100 % platino de grado alimenticio está compuesta por silicio de alta calidad, un material inocuo resistente a altas temperaturas y cambios bruscos. Además, tiene propiedades antiadherentes y su vida útil es muy longeva. Esta silicona debe llevar el certificado y el sello.

Cobre: es un metal muy conocido por ser un buen conductor del calor y por su durabilidad. Sin embargo, si se emplea con alimentos ácidos, puede producirse una reacción química y desprender el lustre de la cacerola o sartén provocando la migración de tóxicos.

Teflón: el teflón es la capa de la que están compuestas las sartenes antiadherentes. Debe ser libre de PFOA, que desde hace algunos años está prohibido en España. En diferentes estudios se demostró que este material que escondía el antiadherente, al dañarse, trasladaba sus partículas a los alimentos al cocinar. Había indicios de que tenía un nivel de toxicidad alto, pudiendo provocar enfermedades y patologías con su continuo uso.

Lo importante al elegir una sartén antiadherente, además de asegurarnos de que los materiales con los que se fabrican son aptos e inocuos, es fijarnos en que la capa de recubrimiento tenga partículas de titanio, ya que así se refuerza la función antiadherente y evita que la sartén se raye. El titanio es un material muy resistente y no tóxico.

Aunque tengamos la certeza de que no contienen materiales tóxicos como PFOAS, no es recomendable utilizar sartenes en mal estado, ya que, igualmente, si están rayadas o muy dañadas, el componente antiadherente puede desprenderse y nos lo estaríamos comiendo literalmente; como imagináis, no son compuestos que debamos ingerir.

Además, es importante señalar que, si el material del interior de la sartén es de aluminio y la capa antiadherente está dañada, los alimentos estarían en contacto con este metal que, como hemos visto anteriormente, frente al calor se comporta de manera inestable y puede migrar a los alimentos. Cuanto más resistente sea la capa de recubrimiento, más seguro será el uso del utensilio.

Lo más recomendable son las sartenes de acero inoxidable de 18/10 como mínimo o de hierro, ya sean antiadherentes o no.

La utilización de las sartenes de hierro fundido es muy similar a las de acero inoxidable. La diferencia está, sobre todo, en la curación, un proceso que se debe llevar a cabo antes de darles el primer uso. Pondremos dos dedos de aceite en la sartén y lo calentamos hasta que salga humo sin que se queme. Apagamos el fuego y dejamos reposar hasta que enfríe. El siguiente paso es lavarla con un estropajo suave y jabón neutro. Se debe secar muy bien con un trapo o papel absorbente después de cada lavado y no es conveniente que se queden húmedas, ya que podrían oxidarse.

Es primordial seguir las recomendaciones de uso de las sartenes antiadherentes para alargar su vida útil y asegurar la no toxicidad:

- No utilizar utensilios metálicos para evitar que se rayen.
- No son aptas para el lavavajillas.
- No calentar las sartenes sin nada de aceite o alimento.
- No exponer las sartenes a altas temperaturas.

Otros materiales que deberíamos evitar serían:

Madera: es un material que se ha utilizado en la cocina desde hace cientos de años. Sin embargo, no se recomienda por ser un material poroso que promueve que los microorganismos y la humedad se queden atrapados. La humedad, por su parte, favorece la proliferación de bacterias. Por último, el lavado y la desinfección de la madera es difícil, por eso se recomienda extremar la higiene y comprobar el deterioro.

Para ello, aquí os dejo algunos consejos:

- Utensilios de madera: ponemos a hervir agua e introducimos los utensilios. Dejamos que hiervan unos minutos hasta que veamos cómo salen las impurezas. Luego los lavaremos y secaremos muy bien
- Las tablas de madera: ponemos sal gruesa seca en la tabla y dejamos que actúe durante unos minutos. Después frotaremos bien, aclararemos, lavaremos con agua y jabón y secaremos del todo.

También podemos lavarlas con bicarbonato y hacer el mismo procedimiento que con la sal.

El vinagre blanco también es una forma de higienizarlas. Echa un buen chorro de vinagre en las tablas o utensilios, deja actuar media hora, enjuaga y lava como de costumbre.

Papel film y aluminio: ambos se utilizan para envolver alimentos e incluso para cocinar. El papel film está compuesto por diferentes tipos de plástico, por lo que sería recomendable no utilizarlo para tapar recipientes o envolver comida caliente. Tampoco el papel de aluminio, que como hemos comentado anteriormente, es un metal inestable frente al calor. Como sustituto, sería una buena opción el envoltorio de cera de abeja orgánico que, además, tiene poder conservante gracias a sus componentes naturales.

2. MATERIALES APTOS PARA DIFERENTES UTENSILIOS Y MENAJE DE COCINA:

- Sartenes: acero inoxidable 18/10 o AISI 304 de hierro fundido.
- Sartenes con antiadherente: antiadherente reforzado con partículas de titanio. Interior de acero inoxidable 18/10 o AISI 304.
- Cacerolas y cazos: acero inoxidable de 18/10, AISI 304 o de hierro fundido.
- Moldes para hornear: silicona 100 % platino.

- Utensilios de cocina: silicona 100 % platino o de acero inoxidable.
- Tablas: para frutas o verduras, de madera de bambú; para otros tipos alimentos (carne blanca y roja cruda, carne cocinada o embutido), de polietileno.
- Tápers: vidrio y tapa de acero inoxidable con válvula de silicona y rejilla para descongelar.
- Conservación de alimentos: envoltorio de cera de abeja orgánico.
- Freidora de aire: cestillo de acero inoxidable (evitar el de aluminio) y antiadherente de alta calidad.

Bizcochos

BIZCOCHO DE LIMÓN Y ARÁNDANOS

SIN

GLUTEN   LÁCTEOS

RACIONES
6 raciones

TIEMPO
50 minutos

DIFICULTAD
1/3

MATERIAL
Molde rectangular de 24 cm, varillas manuales, colador, batidora de mano, espátula.

90 g de harina de avena sin gluten
50 g de harina de almendra
120 ml de bebida de almendra
3 huevos
4 dátiles Medjoul
8 g de levadura química
ralladura de limón
40 g de arándanos frescos

COBERTURA
yogur de coco
20 g arándanos frescos

Información nutricional	Por 100 g
Energía	158,8 kcal
Proteínas	7,2 g
Carbohidratos	20,1 g
Azúcares	2 g
Grasas	5,1 g

ELABORACIÓN

1. Bate 2 claras de huevo a punto de nieve.
2. Tamiza la harina con la levadura.
3. Tritura los dátiles con un dedo de agua hasta formar una pasta.
4. Mezcla todos estos ingredientes: las harinas y levadura, el huevo entero y las dos yemas, la bebida de almendra, la pasta de dátiles y la ralladura de limón y amasa con las varillas.
5. Mezcla las claras de huevo montadas junto con la masa con movimientos envolventes y con ayuda de una espátula.
6. Añade los arándanos enteros.
7. Vierte la mezcla en el molde.
8. Hornea el bizcocho a 180 °C arriba y abajo unos 30-35 minutos con el horno previamente precalentado.
9. Añade los *toppings*, el yogur de coco y los arándanos frescos, por encima al gusto.

BIZCOCHO DE MANZANA Y CANELA

RACIONES
6 raciones

TIEMPO
50 minutos

DIFICULTAD
2/3

MATERIAL

Molde desmontable redondo de 15 cm, descorazonador, cuchillo, batidora de mano, colador, espátula.

110 g de harina de trigo sarraceno o de avena sin gluten
5 manzanas golden o reineta
3 huevos
canela Ceilán
8 g de levadura química

ELABORACIÓN

1. Pela y corta 4 manzanas. Ásalas en el microondas 1-2 minutos hasta que estén blandas. Bátelas hasta que quede un puré.
2. Tamiza la harina con la levadura.
3. Mezcla el resto de los ingredientes y amasa con ayuda de las varillas hasta que quede homogéneo.
4. Vierte la mezcla en el molde.
5. Hornea el bizcocho a 180 °C durante 15 minutos con el horno previamente precalentado.
6. Mientras, pela la manzana restante. corta por la mitad, quita el centro con ayuda de un descorazonador o con cuchillo y lamínala muy fina de manera horizontal.
7. Saca el bizcocho del horno, coloca las láminas de manzana superpuestas por encima. Espolvorea canela al gusto.
8. Vuelve a hornearlo a 180 °C durante 15-20 minutos.

Información nutricional	Por 100 g
Energía	94,4 kcal
Proteínas	3,3 g
Carbohidratos	15,1 g
Azúcares	7,6 g
Grasas	1,7 g

Dulce y sin azúcar

BIZCOCHO DE CAFÉ

SIN

GLUTEN LÁCTEOS

RACIONES
8 raciones

TIEMPO
40 minutos

DIFICULTAD
1/3

MATERIAL
Molde rizado de 24 cm, amasadora de brazo, colador, batidora de mano, espátula.

180 g de harina de avena sin gluten o de arroz
60 g de almendra en polvo
4 g café soluble
4 huevos
2 plátanos o manzanas golden
3 dátiles Medjoul (opcional)
40 g de aceite de coco o mantequilla derretida
12 g de levadura química

ELABORACIÓN

1. Tritura los plátanos y los dátiles hasta formar un puré.
2. Tamiza la harina con la levadura.
3. Luego, separa las claras de las yemas.
4. Con ayuda de una amasadora de brazo, mezcla las 4 yemas con el puré durante 10 minutos hasta que quede una mezcla espumosa y voluminosa (a punto de letra). Añade el café y mezcla bien.
5. Monta las 4 claras de huevo a punto de nieve con la batidora. Añádelas a la mezcla anterior con movimientos suaves y envolventes.
6. Incorpora en tres veces los ingredientes secos (la almendra en polvo y la harina) y, con la ayuda de una espátula, remueve suavemente hasta que todos los ingredientes queden bien integrados.
7. Vierte la mezcla en el molde.
8. Hornear a 180 °C 25-30 minutos con el horno previamente precalentado.

Información nutricional	Por 100 g
Energía	262,8 kcal
Proteínas	9 g
Carbohidratos	25,6 g
Azúcares	4 g
Grasas	13 g

Dulce y sin azúcar

BIZCOCHO DE PISTACHO

SIN

GLUTEN

RACIONES
6 raciones

TIEMPO
50 minutos

DIFICULTAD
1/3

MATERIAL

Molde redondo de 20 cm, colador, molinillo eléctrico, espátula, amasadora o varillas, batidora de mano.

150 g de harina de trigo sarraceno
80 g de pistachos pelados
3 huevos
2 plátanos
30 g de mantequilla
ralladura de naranja
6 g de levadura química

COBERTURA

40 g de pistachos pelados

ELABORACIÓN

1. Con ayuda de un molinillo, tritura los pistachos hasta que quede un polvo.
2. Tamiza la harina con la levadura.
3. Tritura los plátanos de manera que quede un puré.
4. Bate la mantequilla con el puré de plátano con la amasadora.
5. Añade a esta mezcla los huevos, el pistacho en polvo, la harina, la levadura y la ralladura poco a poco hasta que todo quede integrado.
6. Vierte la mezcla en el molde y añade los 40 g de pistachos enteros y pelados.
7. Hornea a 180 °C unos 25-30 minutos con el horno previamente precalentado.

Información nutricional	Por 100 g
Energía	232,8 kcal
Proteínas	8,5 g
Carbohidratos	21,7 g
Azúcares	4,9 g
Grasas	11,5 g

Dulce y sin azúcar

BIZCOCHO DE BONIATO

RACIONES
8 raciones

TIEMPO
40 minutos

DIFICULTAD
1/3

MATERIAL
Molde rizado de 24 cm, batidora de mano, colador, varillas manuales, espátula.

200 g de boniato hervido
5 dátiles Medjoul
120 g de harina de avena sin gluten o de trigo sarraceno
60 g de almendra en polvo
4 huevos
2 cdas. de aceite de coco
16 g de levadura química

ELABORACIÓN

1. Tritura el boniato hervido junto con los dátiles deshuesados.
2. Tamiza la harina junto con la levadura.
3. Mezcla el resto de los ingredientes menos la harina y la levadura con las varillas.
4. Cuando quede una mezcla bien homogénea, añade la harina y la levadura poco a poco.
5. Vierte la mezcla en el molde.
6. Hornea a 180 °C durante 25-30 minutos con el horno previamente precalentado.

Información nutricional	Por 100 g
Energía	249,1 kcal
Proteínas	9 g
Carbohidratos	25,2 g
Azúcares	2 g
Grasas	11,7 g

Dulce y sin azúcar

BIZCOCHO GLASEADO DE CHOCOLATE

SIN

GLUTEN LÁCTEOS

RACIONES
6 raciones

TIEMPO
45 minutos

DIFICULTAD
1/3

MATERIAL
Molde rectangular de 24 cm, batidora de mano, colador, varillas manuales, espátula, rejilla.

100 g de harina de trigo sarraceno o de avena sin gluten
50 g de almendra en polvo
3 manzanas golden
½ vaina de vainilla
3 huevos
30 g de aceite de oliva virgen extra
8 g de levadura química
una pizca de sal

COBERTURA
200 g de chocolate 85 %
2 cdtas. de aceite de coco

Información nutricional	Por 100 g
Energía	242,4 kcal
Proteínas	5,7 g
Carbohidratos	18,4 g
Azúcares	9,4 g
Grasas	15,3 g

ELABORACIÓN

1. Pela y corta las manzanas. Ásalas al microondas durante 1-2 minutos hasta que estén blanditas.
2. Tritura las manzanas hasta formar un puré.
3. Tamiza la harina junto con la levadura.
4. Mezcla todos los ingredientes menos la harina, la levadura y la almendra.
5. Añade en tres veces la harina, la levadura y la almendra en polvo y mézclalos hasta que la masa quede homogénea.
6. Vierte la mezcla en el molde.
7. Hornea a 180 °C unos 25-30 minutos con el horno previamente precalentado.
8. Una vez horneado, desmóldalo y deja en el congelador durante al menos 4 horas.
9. Funde el chocolate 85 % con el aceite de coco al baño María o en pequeños golpes en el microondas.
10. Glasea el bizcocho con ayuda de una rejilla.
11. Deja enfriar en la nevera hasta que el chocolate endurezca y el bizcocho se descongele.

PASTEL DE ALBARICOQUE

SIN

GLUTEN   HUEVO   LÁCTEOS

RACIONES
6 raciones

TIEMPO
45 minutos

DIFICULTAD
1/3

MATERIAL
Molde redondo de 20 cm, batidora de mano, colador, cazo, cuchillo.

180 g de harina de avena sin gluten
6 albaricoques
3 dátiles Medjoul
120 ml de bebida de coco o de almendra
½ vaina de vainilla
12 g de lino molido + 50 g de agua a 50 °C
8 g de levadura química

COBERTURA
3 albaricoques pelados y deshuesados
coco rallado

ELABORACIÓN

1. Calienta la bebida levemente en un cazo, abre la vaina de vainilla con ayuda de un cuchillo y deja infusionar con la piel fuera de fuego.
2. Tritura los 6 albaricoques pelados y deshuesados con los dátiles hasta formar un puré.
3. Tamiza la harina con la levadura.
4. Deja reposar el lino molido en agua templada durante 5 minutos.
5. Mezcla el puré con el lino hidratado removiendo constantemente. Ve añadiendo la bebida poco a poco.
6. Incorpora en tres veces la harina con la levadura. Mezcla bien hasta conseguir una textura homogénea.
7. Vierte la mezcla en el molde.
8. Corta los otros 3 albaricoques en cuartos y disponlos encima de la masa.
9. Hornea a 180 °C durante 30 minutos con el horno previamente precalentado.
10. Una vez horneado, espolvorea coco rallado o molido por encima al gusto.

Información nutricional	Por 100 g
Energía	232,1 kcal
Proteínas	6,4 g
Carbohidratos	36,3 g
Azúcares	0,5 g
Grasas	6 g

Dulce y sin azúcar

BIZCOCHO DE ZANAHORIA RELLENO DE GANACHE DE CHOCOLATE

SIN

GLUTEN

RACIONES
6 raciones

TIEMPO
60 minutos

DIFICULTAD
1/3

MATERIAL
Molde de 24 cm, cazo, colador, varillas, batidora, espátula, espátula de codo, cuchillo de sierra.

PARA EL BIZCOCHO
230 g de harina de avena
200 g de zanahoria
3 dátiles Medjoul o
    1 manzana asada al micro
3 huevos
20 g de mantequilla o *ghee*
6 g de levadura química

PARA LA GANACHE
100 g de chocolate 85 %
150 g de bebida de coco
    o leche entera de vaca
50 g de avellanas tostadas

Información nutricional	Por 100 g
Energía	254,9 kcal
Proteínas	7,8 g
Carbohidratos	24,4 g
Azúcares	4,2 g
Grasas	13,1 g

ELABORACIÓN

1. Cuece la zanahoria hasta que quede blanda.
2. Tritura la zanahoria con los dátiles o la manzana.
3. Tamiza la harina con la levadura.
4. Mezcla los huevos y el puré. Añade la harina y levadura en tres veces hasta quede homogénea.
5. Incorpora la mantequilla derretida y remueve bien.
6. Vierte la mezcla en el molde.
7. Hornea a 180 °C unos 20-25 minutos con el horno previamente precalentado.
8. Mientras, preparamos la ganache: calienta la bebida o la leche en un cazo sin que llegue a hervir.
9. Derrite el chocolate al baño María o con pequeños golpes de calor en el microondas.
10. Emulsiona pequeñas cantidades de bebida con el chocolate sin dejar de remover con la espátula. Tiene que quedar una textura cremosa.
11. Corta el bizcocho en horizontal. Rellena de ganache con una espátula de codo y coloca las avellanas troceadas por encima.
12. Corta los extremos del bizcocho para que quede estético.

Dulce y sin azúcar

BIZCOCHO DE AVELLANAS Y NARANJA

SIN

GLUTEN

RACIONES
6 raciones

TIEMPO
50 minutos

DIFICULTAD
1/3

MATERIAL
Molde de 20 cm, varillas, molinillo eléctrico, batidora de mano, colador, espátula.

140 g de harina de trigo sarraceno
60 g de avellanas tostadas para triturar
3 huevos
ralladura de una naranja
zumo de una naranja
6 dátiles Medjoul o 2 plátanos
8 g de levadura química
40 g de avellanas tostadas enteras

COBERTURA
yogur de coco
avellanas picadas
ralladura de naranja

ELABORACIÓN

1. Tritura los dátiles deshuesados (o los plátanos) con un poco de agua hasta obtener una pasta o puré.
2. Tamiza la harina con la levadura.
3. Con ayuda de un molinillo eléctrico, muele los 60 g de avellanas tostadas hasta conseguir un polvo.
4. Bate los huevos con el puré, el zumo y la ralladura.
5. Añade en tres veces la harina y mezcla hasta que todos los ingredientes estén bien integrados.
6. Añade las avellanas enteras tostadas a la masa.
7. Vierte la mezcla en el molde.
8. Hornea a 180 °C unos 25-30 minutos con el horno previamente precalentado.
9. Opcional: cubre el bizcocho con el yogur de coco con las avellanas picadas y un poco de ralladura de naranja.

Información nutricional	Por 100 g
Energía	263 kcal
Proteínas	9 g
Carbohidratos	26,4 g
Azúcares	2,9 g
Grasas	12,5 g

Dulce y sin azúcar

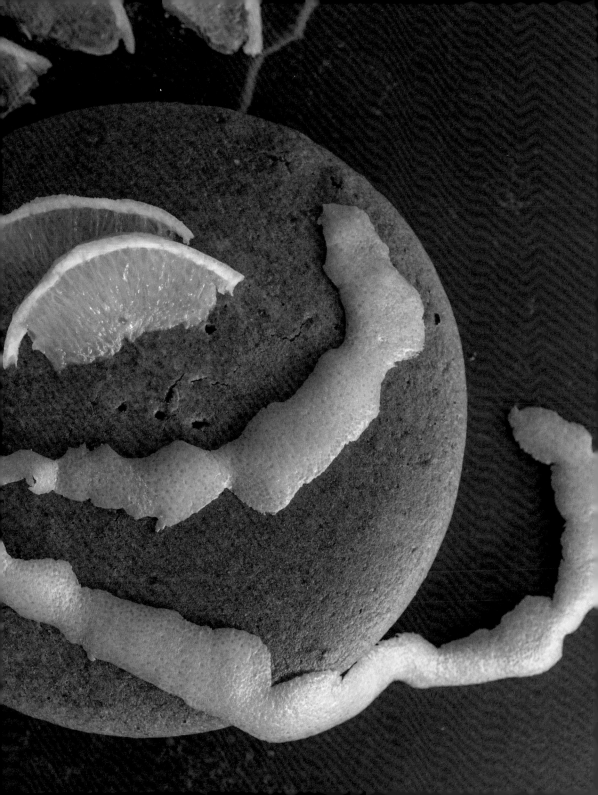

BIZCOCHO DE CHOCOLATE

SIN

GLUTEN   HUEVO   LÁCTEOS

RACIONES
8 raciones

TIEMPO
45 minutos

DIFICULTAD
1/3

MATERIAL

Molde rizado de 24 cm, varillas manuales, batidora de mano, cuchillo, colador.

180 g de harina de trigo sarraceno
60 g de almendra en polvo
150 g de boniato
5 dátiles Medjoul o un puñado de pasas
12 g de lino molido + 50 g de agua a 50 °C
2 cdas. de cacao o algarroba en polvo
40 g de aceite de oliva virgen extra
12 g de levadura química

COBERTURA

80 g de chocolate 85 %
30 g de chocolate 85 % picado

Información nutricional	Por 100 g
Energía	347,3 kcal
Proteínas	7,8 g
Carbohidratos	36 g
Azúcares	4,6 g
Grasas	17,4 g

ELABORACIÓN

1. Cuece el boniato durante 20 minutos aproximadamente hasta que quede blando.
2. Tamiza la harina junto con la levadura y el cacao.
3. Hidrata el lino molido en agua templada durante 5 minutos.
4. Tritura el boniato junto con los dátiles o las pasas.
5. Mezcla el puré resultante con el lino y el aceite.
6. Añade la almendra en polvo y remueve bien con la varilla manual.
7. Incorpora en tres veces la harina, la levadura y el cacao tamizados. Mezcla bien hasta que quede una masa homogénea.
8. Vierte la mezcla en el molde.
9. Hornea a 180 °C durante 25-30 minutos con el horno previamente precalentado.
10. Desmolda y deja enfriar en la nevera al menos 20 minutos.
11. Mientras, funde 80 g de chocolate al baño María o al microondas en pequeños golpes de calor.
12. Glasea el bizcocho con el chocolate fundido y añade por encima el chocolate picado.

Dulce y sin azúcar

BIZCOCHO DE YOGUR, PLÁTANO Y PASAS

SIN

FRUTOS SECOS

RACIONES
6 raciones

TIEMPO
45 minutos

DIFICULTAD
1/3

MATERIAL
Molde rectangular de 24 cm, colador, batidora de mano, varillas.

100 g de harina de espelta
40 g de harina de avena
125 g de yogur griego
   (1 vasito)
3 plátanos
2 huevos
20 g de pasas
30 g de aceite de coco
   derretido
ralladura de 1 limón
8 g de levadura química

COBERTURA
125 g de yogur griego
2 plátanos
canela Ceilán al gusto

ELABORACIÓN

1. Tamiza las harinas y la levadura.
2. Tritura los 3 plátanos.
3. Bate los huevos y mézclalos con el puré de plátano, el aceite y el yogur.
4. Añade las harinas, la levadura y la ralladura a la masa. Remueve bien hasta integrar todos los ingredientes.
5. Añade las pasas.
6. Vierte la mezcla en el molde.
7. Hornea a 180 °C unos 20-25 minutos con el horno previamente precalentado.
8. Mientras, preparamos la cobertura: bate un plátano con el yogur y la canela. Glasea el bizcocho por encima y corta en rodajas finas el otro plátano, que colocamos encima del yogur.

Información nutricional	Por 100 g
Energía	160 kcal
Proteínas	4,4 g
Carbohidratos	19,9 g
Azúcares	8 g
Grasas	6,4 g

Dulce y sin azúcar

BIZCOCHO DE COCO Y VAINILLA

SIN

GLUTEN   LÁCTEOS

RACIONES
6 raciones

TIEMPO
45 minutos

DIFICULTAD
1/3

MATERIAL
Molde de 20 cm, colador, batidora de mano, cazo, varillas.

120 g de harina de avena sin gluten
40 g de coco rallado
3 huevos
1 vaina de vainilla
30 g de aceite de coco derretido
120 ml de bebida de coco
5 dátiles Medjoul
(o 3 manzanas golden o reineta asadas)
12 g de levadura química

COBERTURA
coco rallado

Información nutricional	Por 100 g
Energía	282,5 kcal
Proteínas	8,5 g
Carbohidratos	25,7 g
Azúcares	1,1 g
Grasas	15,3 g

ELABORACIÓN

1. Calienta la bebida de coco sin que llegue a hervir.
2. Abre la vaina de vainilla, saca las semillas y pon en la bebida de coco tanto la piel como las semillas. Deja infusionar 20 minutos con el cazo tapado.
3. Tamiza la harina con la levadura.
4. Tritura los dátiles con un poco de agua hasta que se forme una pasta. Si en su lugar lleva manzanas, tendría que quedar un puré.
5. Separa las claras de las yemas.
6. Monta las claras a punto de nieve.
7. Bate las yemas y mézclalas con la bebida de coco y la pasta de dátil.
8. Incorpora las claras con movimientos envolventes.
9. Añade en tres veces la harina y la levadura tamizadas y el coco rallado.
10. Por último, añade el aceite de coco derretido y mezcla con suavidad.
11. Vierte la mezcla en el molde.
12. Hornea a 180 °C unos 20-25 minutos con el horno previamente precalentado.
13. Desmolda y reboza el bizcocho en coco rallado.
14. Para decorar la cobertura, puedes colocar encima la piel de la vainilla.

Dulce y sin azúcar

Galletas

COOKIES

RACIONES
8-12 unidades

TIEMPO
45 minutos

DIFICULTAD
1/3

MATERIAL
Tapete para horno de silicona, amasadora, batidora de mano.

160 g de harina trigo
    sarraceno, de espelta
    o de arroz integral
50 g de mantequilla fría
    o *ghee*
2 yemas de huevo
4 dátiles Medjoul o 1 manzana
    golden asada
1 cdta. de levadura
una pizca de sal
60 g de chocolate 85%
    cortado en trocitos
    o en pepitas

ELABORACIÓN

1. Corta la mantequilla fría en cuadrados y mezcla con la harina hasta que quede una textura arenosa. Si no tienes amasadora, puedes hacerlo con las manos.
2. Tritura los dátiles con un poco de agua hasta formar una pasta.
3. Mezcla todos los ingredientes de la masa menos el chocolate hasta integrarlos bien.
4. Añade las pepitas de chocolate.
5. Haz bolitas con las manos y aplástalas encima del tapete de silicona colocado sobre la bandeja del horno.
6. Opcional: añade más pepitas de chocolate por encima.
7. Hornea a 180 °C durante 15-20 minutos con el horno previamente precalentado.

Información nutricional	Por 100 g
Energía	414,2 kcal
Proteínas	9 g
Carbohidratos	46,1 g
Azúcares	4,6 g
Grasas	19,9 g

Dulce y sin azúcar

COOKIES DE CHOCOLATE

SIN

GLUTEN   FRUTOS SECOS

RACIONES
8-12 unidades

TIEMPO
45 minutos

DIFICULTAD
1/3

MATERIAL
Tapete para horno de silicona, amasadora, batidora de mano.

140 g de harina trigo
   sarraceno, de espelta
   o de arroz integral
20 g de cacao o algarroba
   en polvo
50 g de mantequilla fría
   o *ghee*
2 yemas de huevo
4 dátiles Medjoul o
   1 manzana golden asada
1 cdta. de levadura
una pizca de sal
60 g de chocolate 85 %
   cortado en trocitos
   o en pepitas

ELABORACIÓN

1. Corta la mantequilla fría en cuadrados y mezcla con la harina hasta que quede una textura arenosa. Si no tienes amasadora, puedes hacerlo con las manos.
2. Tritura los dátiles con un poco de agua hasta formar una pasta.
3. Mezcla todos los ingredientes de la masa menos el chocolate hasta integrarlos bien.
4. Añade a la masa las pepitas de chocolate.
5. Haz bolitas con las manos y aplástalas sobre el tapete de silicona para el horno.
6. Opcional: añade más pepitas de chocolate por encima.
7. Hornea a 180 °C durante 15-20 minutos con el horno previamente precalentado.

Información nutricional	Por 100 g
Energía	414,9 kcal
Proteínas	9,3 g
Carbohidratos	44,2 g
Azúcares	4,6 g
Grasas	20,4 g

Dulce y sin azúcar

GALLETAS DE LIMÓN Y DE ALMENDRA

SIN

GLUTEN LÁCTEOS

RACIONES
8–15 unidades

TIEMPO
45 minutos

DIFICULTAD
1/3

MATERIAL

Tapete para horno de silicona, batidora de mano.

200 g de harina de trigo sarraceno o de arroz integral
50 g de almendra en polvo
ralladura de 1 limón
1 huevo
5 dátiles Medjoul o un puñado de pasas

ELABORACIÓN

1. Tritura los dátiles o las pasas con un poco de agua hasta formar una pasta.
2. Bate el huevo y mézclalo con la pasta de dátil.
3. Añade la harina, la almendra y la ralladura poco a poco. Integra bien los ingredientes y amasa con las manos hasta que quede una masa homogénea.
4. Haz bolitas con las manos y aplástalas encima del tapete de silicona para el horno.
5. Hornea a 180 °C unos 15-20 minutos con el horno previamente precalentado.

Información nutricional	Por 100 g
Energía	330,6 kcal
Proteínas	11,6 g
Carbohidratos	47,8 g
Azúcares	1,8 g
Grasas	8,5 g

Dulce y sin azúcar

GALLETAS DE AVENA Y CHOCOLATE

SIN

GLUTEN   LÁCTEOS   FRUTOS SECOS

RACIONES
8-15 unidades

TIEMPO
50 minutos

DIFICULTAD
2/3

MATERIAL
Tapete para horno de silicona, batidora de mano, cortapastas, rodillo.

230 g de copos o harina de avena sin gluten
1 plátano
1 huevo
ralladura de ½ limón
65 g de aceite de coco sólido
canela Ceilán al gusto
6 g de levadura química

COBERTURA
80 g chocolate 85 %
1 cdta. de aceite de coco

ELABORACIÓN

1. Tritura el plátano con la canela hasta que quede un puré.
2. Bate el huevo y mézclalo con el puré de plátano.
3. Mezcla e integra el resto de los ingredientes con las manos.
4. Deja enfriar la masa 30 minutos en la nevera. Después, con ayuda de un rodillo, estírala entre dos papeles vegetales y haz la forma con el cortapastas.
5. Hornea a 180 °C durante 15-20 minutos con el horno previamente precalentado.
6. Mientras, funde el chocolate y el aceite de coco al baño María o en pequeños golpes de calor en el microondas.
7. Una vez horneadas las galletas, baña una cara en el chocolate fundido.
8. Deja enfriar en la nevera hasta que el chocolate endurezca.

Información nutricional	Por 100 g
Energía	374,5 kcal
Proteínas	8 g
Carbohidratos	33,1 g
Azúcares	6,4 g
Grasas	21,9 g

Dulce y sin azúcar

GALLETAS DE MANTEQUILLA

SIN

GLUTEN   FRUTOS SECOS

RACIONES
8-12 unidades

TIEMPO
45 minutos

DIFICULTAD
1/3

MATERIAL

Tapete para horno de silicona, amasadora, batidora de mano o espátula, cuchillo, cortapastas, rodillo, papel vegetal.

260 g de harina de trigo sarraceno o de arroz integral
1 huevo
70 g de mantequilla o *ghee*
6 dátiles Medjoul o
   2 manzanas golden asadas
1 vaina de vainilla Bourbon
6 g de levadura química
una pizca de sal

Información nutricional	Por 100 g
Energía	358,3 kcal
Proteínas	9,1 g
Carbohidratos	47,6 g
Azúcares	1,4 g
Grasas	13,1 g

ELABORACIÓN

1. Tritura la fruta. En el caso de los dátiles, añádeles un poco de agua para formar una pasta.
2. Mezcla la mantequilla cortada en cuadrados con el puré anterior hasta que la masa quede cremosa. Puedes hacerlo con varillas eléctricas o a mano con ayuda de una espátula.
3. Abre la vaina de vainilla y saca todas las semillas con la ayuda de un cuchillo.
4. Añade la vainilla a la amasadora con la mantequilla.
5. Incorpora el huevo batido poco a poco sin parar de remover hasta que quede bien integrado.
6. Tamiza la harina junto con la levadura.
7. Añade la harina y la levadura a la masa poco a poco. Mezcla hasta conseguir una masa homogénea.
8. Forma una bola grande aplastada y resérvala en la nevera durante 30-40 minutos.
9. Una vez esté fría, estiramos la masa con el rodillo entre dos papeles vegetales. La masa tiene que quedar gordita, de unos 2 cm de grosor.
10. Con un cortapastas, corta la masa como más te guste y pásala a la bandeja cubierta con el tapete.
11. Hornea a 180°C unos 15-20 minutos con el horno previamente precalentado.

Dulce y sin azúcar

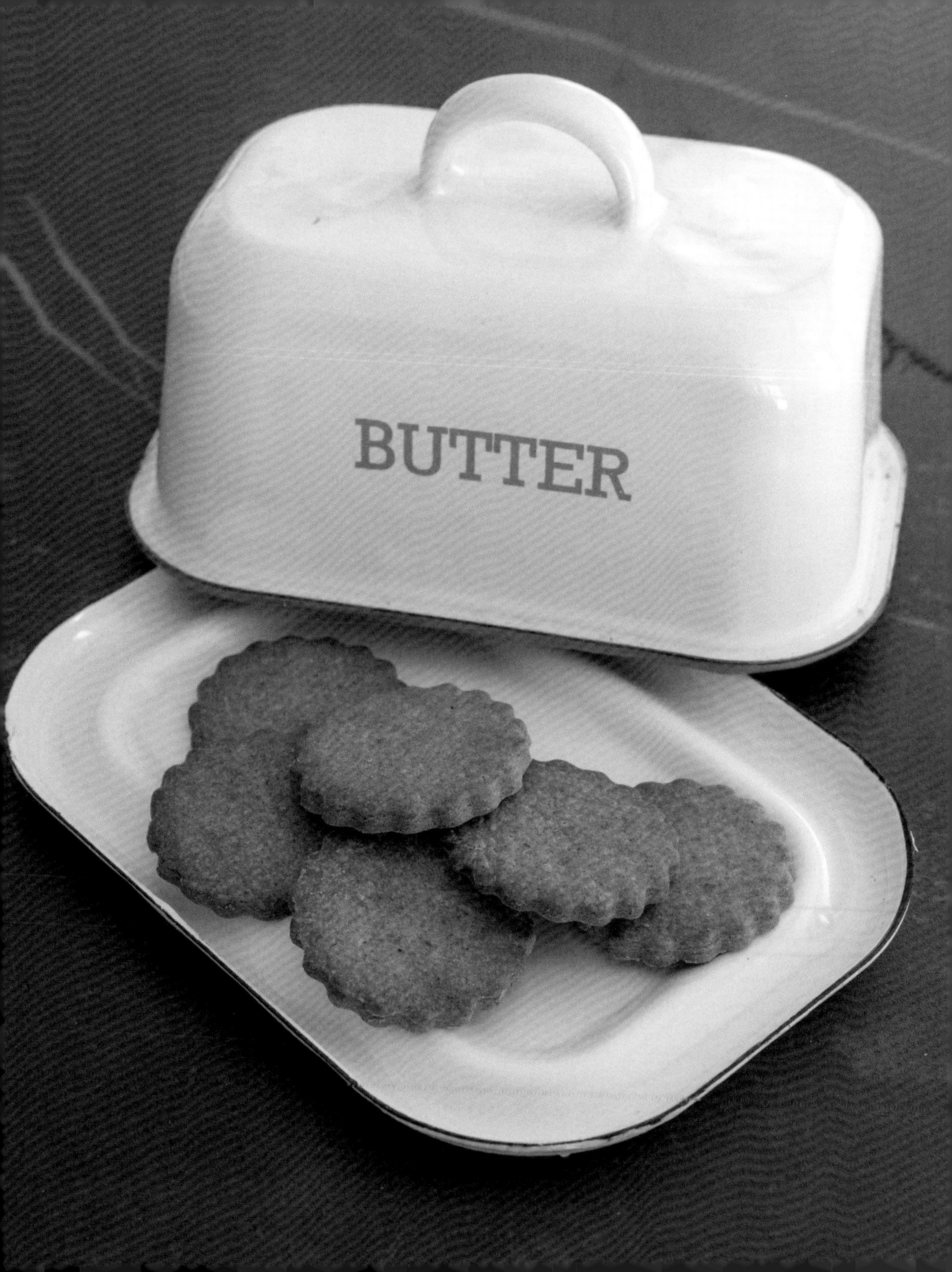
BUTTER

GALLETAS RELLENAS DE FRAMBUESAS

SIN

GLUTEN   FRUTOS SECOS

RACIONES
8-10 unidades

TIEMPO
60 minutos

DIFICULTAD
2/3

MATERIAL

Tapete para horno de silicona, amasadora, batidora de mano, manga pastelera.

160 g harina de trigo sarraceno, de espelta o de arroz integral
50 g de mantequilla fría o *ghee*
2 yemas de huevo
1 manzana golden asada o 4 dátiles Medjoul
6 g de levadura química
canela Ceilán al gusto
una pizca de sal

PARA EL COULIS DE FRAMBUESA

2 g de gelatina neutra
170 g de frambuesas frescas o congeladas

Información nutricional	Por 100 g
Energía	201,9 kcal
Proteínas	5 g
Carbohidratos	21,9 g
Azúcares	5 g
Grasas	9,2 g

ELABORACIÓN

1. Deja en remojo las láminas de gelatina en agua fría.
2. Corta la mantequilla fría en cuadrados y mézclala con la harina en una amasadora o con las manos hasta que quede una textura arenosa.
3. Asa la manzana durante 2 minutos al micro y tritúrala. En el caso de los dátiles, hazlo con un poco de agua hasta formar una pasta.
4. Mezcla todos los ingredientes de la masa.
5. Forma bolitas con las manos y luego haz con el pulgar una gran hendidura en el centro.
6. Coloca las galletas sobre el tapete para el horno.
7. Hornea a 180 °C unos 15-20 minutos con el horno previamente precalentado.
8. Deja enfriar las galletas en una rejilla.
9. Mientras, calienta las frambuesas durante 5-7 minutos a fuego medio-bajo removiendo constantemente.
10. Cuando estén blandas y se empiecen a deshacer, añade la gelatina y remueve hasta que se disuelva.
11. Cuela el coulis para retirar las pepitas.
12. Con ayuda de una manga pastelera, rellena los huecos de las galletas. Déjalas enfriar en la nevera hasta que el coulis gelifique.

Dulce y sin azúcar

GALLETAS RELLENAS DE CHOCOLATE

SIN

GLUTEN   FRUTOS SECOS

RACIONES
6-8 unidades

TIEMPO
60 minutos

DIFICULTAD
2/3

MATERIAL
Tapete para horno de silicona, amasadora, batidora de mano, cortapastas, rodillo.

190 g de harina de trigo sarraceno o de arroz integral
60 g de *ghee* o mantequilla (fría)
1 huevo
1 manzana golden o reineta asada
4 dátiles Medjoul o 40 g de pasas
sal

GANACHE DE CHOCOLATE (PARA EL RELLENO)
100 g de chocolate >85 %
90 g de bebida vegetal o de leche con o sin grasa

Información nutricional	Por 100 g
Energía	278,4 kcal
Proteínas	6 g
Carbohidratos	30,7 g
Azúcares	6,2 g
Grasas	13,5 g

ELABORACIÓN

1. Pela y corta la manzana en trozos. Ásala al micro durante 1 minuto hasta que quede blandita. Tritúrala hasta formar un puré.
2. Calienta la bebida vegetal (sin que llegue a hervir) y funde el chocolate al baño María o en pequeños golpes de calor en el microondas.
3. Emulsiona la bebida vegetal poco a poco con el chocolate. Deja enfriar en la nevera.
4. Mezcla todos los ingredientes de la masa de las galletas con ayuda de la amasadora hasta que esta quede homogénea.
5. Estira la masa con el rodillo (hasta que tenga un grosor de 1 cm aprox.) y déjala enfriar 20 minutos en la nevera para poder cortarla mejor.
6. Córtala con un cortapastas redondo y dispón las galletas en el tapete para horno.
7. Hornéalas a 180 °C unos 15-20 minutos con el horno previamente precalentado.
8. Deja enfriar un poco las galletas antes de untar una de las caras de la galleta con la ganache y colocar otra encima.

GALLETAS DE NARANJA Y CHOCOLATE

SIN

GLUTEN LÁCTEOS FRUTOS SECOS

RACIONES
8-10 unidades

TIEMPO
50 minutos

DIFICULTAD
2/3

MATERIAL

Tapete para horno de silicona, amasadora, batidora de mano, cortapastas, colador, papel film, rodillo.

150 g de harina de trigo sarraceno o de arroz integral
50 g de almendras molidas
1 yema de huevo
1 plátano o 4 dátiles Medjoul
40 g de mantequilla o de aceite de coco sólido
ralladura de 1 naranja
una pizca de sal

COBERTURA

100 g de chocolate 85 %
1 cdta. de aceite de coco

Información nutricional	Por 100 g
Energía	389,4 kcal
Proteínas	8,6 g
Carbohidratos	32 g
Azúcares	9,2 g
Grasas	23,6 g

ELABORACIÓN

1. Tritura el plátano hasta formar un puré o los dátiles con un poco de agua hasta que quede una pasta.
2. Bate la yema y mézclala con el puré de fruta.
3. Tamiza la harina.
4. Mezcla los ingredientes restantes hasta integrarlos bien. Amasa hasta que tenga una consistencia homogénea.
5. Forma una bola, envuélvela en papel film y déjala enfriar 30 minutos en la nevera.
6. Estira la masa con el rodillo (hasta obtener un grosor de 2 cm aprox.).
7. Con un cortapastas corta la masa de la forma que más te guste y colócala sobre el tapete de horno.
8. Hornea a 180 °C unos 15-20 minutos con el horno previamente precalentado.
9. Funde el chocolate junto con el aceite de coco al baño María o en pequeños golpes de calor en el microondas.
10. Una vez horneadas, moja la mitad de la galleta en el chocolate fundido.
11. Deja enfriar en la nevera para que el chocolate endurezca.

Dulce y sin azúcar

GALLETAS DE VAINILLA

SIN

GLUTEN   HUEVO   FRUTOS SECOS

RACIONES
8-12 unidades

TIEMPO
45 minutos

DIFICULTAD
1/3

MATERIAL
Tapete para horno de silicona o papel vegetal, batidora de mano, varillas manuales, cuchillo, papel film, tenedor, colador.

200 g de harina de arroz integral
60 g de mantequilla a temperatura ambiente
1 vaina de vainilla Bourbon
5 dátiles Medjoul o un puñado de pasas
6 g de levadura química
una pizca de sal

ELABORACIÓN

1. Tritura los dátiles o pasas con un poco de agua hasta formar una pasta.
2. Tamiza la harina.
3. Mezcla la mantequilla con la pasta de dátil con ayuda de unas varillas manuales.
4. Abre la vaina de vainilla por la mitad y retira todas las semillas con ayuda de un cuchillo.
5. Incorpora la harina, la vainilla y la sal a la mezcla anterior. Mezcla bien con las manos hasta que quede una masa homogénea.
6. Hacemos una bola, envolvemos en papel film y reservamos en la nevera durante 30 minutos.
7. Transcurrido ese tiempo, formaremos pequeñas bolas y las pondremos encima del papel vegetal o de un tapete para horno.
8. Aplástalas con un tenedor para dibujar las rayas en las galletas.
9. Hornea a 180 °C durante 15-20 minutos con el horno previamente precalentado. Retíralas cuando estén un poco doradas y déjalas enfriar en la rejilla.

Información nutricional	Por 100 g
Energía	393,1 kcal
Proteínas	5,7 g
Carbohidratos	58,6 g
Azúcares	0,5 g
Grasas	14,1 g

Dulce y sin azúcar

GALLETAS DE ESPIRAL DE CHOCOLATE Y VAINILLA

SIN

GLUTEN HUEVO FRUTOS SECOS

RACIONES
10–12 unidades

TIEMPO
45 minutos

DIFICULTAD
3/3

MATERIAL
Tapete para horno de silicona o papel vegetal, varillas, batidora de mano, cuchillo, papel vegetal, colador.

300 g de harina de arroz o trigo sarraceno
7 dátiles Medjoul
100 g de mantequilla
1 cdta. de levadura química
½ vaina de vainilla
20 g de cacao en polvo

Información nutricional	Por 100 g
Energía	403,5 kcal
Proteínas	6,2 g
Carbohidratos	56,7 g
Azúcares	0,5 g
Grasas	15,7 g

ELABORACIÓN

1. Tritura los dátiles o pasas con un poco de agua hasta formar una pasta. Mientras, tamiza la harina.
2. Mezcla la mantequilla con la pasta de dátil con ayuda de unas varillas manuales.
3. Abre la media vaina de vainilla por la mitad y retira todas las semillas con ayuda de un cuchillo.
4. Incorpora la harina y la vainilla. Mezcla bien con las manos hasta que quede una masa homogénea.
5. Forma una bola y divide la masa en dos.
6. Añade cacao en polvo a una de las mitades y mézclalo bien hasta que el cacao quede bien integrado.
7. Estira las masas entre dos papeles vegetales hasta formar un rectángulo con un grosor de 3 cm aprox.
8. Envuelve las masas en papel film por separado y deja enfriar en la nevera durante 2 horas.
9. Luego quita el papel film y coloca la placa de masa de chocolate encima de la de vainilla.
10. Enrolla las masas despacio y con paciencia.
11. Córtala en vertical con unos 3 cm de grosor.
12. Hornea las galletas por tandas a 180 °C durante 15-20 minutos con el horno previamente precalentado. Retíralas cuando esté un poco doradas y déjalas enfriar en la rejilla.

Dulce y sin azúcar

Tortitas y crepes

TORTITAS NUBE

SIN

GLUTEN LÁCTEOS FRUTOS SECOS

RACIONES
6-8 unidades

TIEMPO
40 minutos

DIFICULTAD
3/3

MATERIAL

Sartén antiadherente o crepera eléctrica, espátula, batidora de mano, colador, manga pastelera.

80 g de harina de avena sin gluten o de trigo sarraceno
5 huevos
5 dátiles Medjoul o
  1 manzana golden o
  reineta asada
6 g de levadura química
canela Ceilán al gusto
aceite de coco

ELABORACIÓN

1. Tritura los dátiles deshuesados con un poco de agua o la manzana asada al micro hasta formar un puré.
2. Tamiza la harina de avena junto con la levadura.
3. Separa las yemas de las claras. Mezcla las yemas con el puré de dátiles o de manzana.
4. Monta las claras a punto de nieve.
5. Añade la mezcla de yemas a las claras en tres veces con movimientos envolventes.
6. Después, incorpora la harina poco a poco de la misma manera para evitar que se bajen las claras.
7. Calienta la sartén o crepera con un poco de aceite de coco.
8. Vierte un poco de la masa de las tortitas. Puedes ayudarte de una manga pastelera.
9. Cocina por un lado a fuego medio y, cuando empiecen a salir burbujas, dale la vuelta y cocínala 3 minutos por el otro lado.

Información nutricional	Por 100 g
Energía	218,5 kcal
Proteínas	11,7 g
Carbohidratos	25,8 g
Azúcares	0,2 g
Grasas	6,9 g

Dulce y sin azúcar

MINITORTITAS RELLENAS

RACIONES
6-8 unidades

TIEMPO
40 minutos

DIFICULTAD
2/3

MATERIAL

Sartén antiadherente o crepera eléctrica, espátula, batidora de mano, colador.

70 g de harina de avena sin gluten
3 huevos
2 y ½ manzanas golden o reineta
6 g de levadura química
canela Ceilán al gusto
50 g de chocolate 85 % Cocuisine en pepitas
aceite de coco

ELABORACIÓN

1. Pela y corta las manzanas. Ásalas al microondas durante 1-2 minutos hasta que queden blanditas.
2. Tritura las manzanas y la canela hasta que quede un puré.
3. Tamiza la harina junto con la levadura.
4. Bate los huevos y mézclalos con el puré de manzana.
5. Añade la harina a la mezcla anterior hasta que todos los ingredientes queden bien integrados.
6. Calienta la sartén o crepera con un poco de aceite de coco.
7. Vierte un poco de la masa de las tortitas, aproximadamente 15 g. Puedes ayudarte de una manga pastelera.
8. Cocina la tortita por un lado a fuego medio y, cuando empiecen a salir burbujas, añade una o varias pepitas de chocolate por encima y vierte un poco más de masa encima. Dale la vuelta y cocínala 3 minutos por el otro lado.

Información nutricional	Por 100 g
Energía	139,3 kcal
Proteínas	5,3 g
Carbohidratos	15,1 g
Azúcares	7,7 g
Grasas	5,8 g

TORTITAS DE PISTACHO

SIN

GLUTEN   LÁCTEOS

RACIONES
6-8 unidades

TIEMPO
40 minutos

DIFICULTAD
1/3

MATERIAL

Sartén antiadherente o crepera eléctrica, espátula, batidora de mano, colador.

70 g de harina de avena sin gluten o de trigo sarraceno
2 plátanos
40 g de pistachos pelados
50 ml de bebida de coco o de avena
3 huevos
8 g de levadura química
aceite de coco

ELABORACIÓN

1. Tritura el plátano hasta formar un puré.
2. Tamiza la harina junto con la levadura.
3. Tritura con un molinillo los pistachos hasta que quede un polvo.
4. Bate los huevos e incorpora el puré y la bebida.
5. Añade la harina y los pistachos triturados y mézclalo bien hasta que quede todo homogéneo.
6. Calienta la sartén o crepera con un poco de aceite de coco.
7. Añade la masa de las tortitas.
8. Cocina la tortita por un lado a fuego medio. Cuando empiecen a salir burbujas, dar la vuelta y cocinar 3 minutos por el otro lado.

Información nutricional	Por 100 g
Energía	171,6 kcal
Proteínas	7,9 g
Carbohidratos	17,3 g
Azúcares	5,6 g
Grasas	7,2 g

TORTITAS DE VAINILLA y COCO

SIN

GLUTEN   LÁCTEOS

RACIONES
6–8 unidades

TIEMPO
40 minutos

DIFICULTAD
1/3

MATERIAL

Sartén antiadherente o crepera eléctrica, espátula batidora de mano, colador, cuchillo.

70 g de harina de avena sin gluten o de trigo sarraceno
2 manzanas golden o reineta
½ vaina de vainilla Bourbon Cocuisine
10 g de coco rallado
50 ml de bebida de coco o de avena
3 huevos
8 g de levadura química
aceite de coco

ELABORACIÓN

1. Pela y corta las manzanas. Ásalas al microondas durante 1-2 minutos hasta que queden blanditas.
2. Tritura las manzanas hasta formar un puré.
3. Tamiza la harina junto con la levadura.
4. Abre la vaina de vainilla por la mitad, retira las semillas con ayuda de un cuchillo y añade las semillas al puré de fruta.
5. Bate los huevos y mézclalos con el puré de manzana y la vainilla.
6. Incorpora la harina y el coco rallado a la mezcla anterior e integra bien los ingredientes.
7. Calienta la sartén o crepera con un poco de aceite de coco.
8. Añade la masa de las tortitas. Puedes ayudarte de una manga pastelera.
9. Cocina la tortita por un lado a fuego medio y, cuando empiecen a salir burbujas, dale la vuelta y cocínala 3 minutos por el otro lado.

Información nutricional	Por 100 g
Energía	118,4 kcal
Proteínas	5,4 g
Carbohidratos	13,1 g
Azúcares	5,8 g
Grasas	4,4 g

TORTITAS DE AVELLANA

SIN

GLUTEN   LÁCTEOS   HUEVO

RACIONES
6-8 unidades

TIEMPO
40 minutos

DIFICULTAD
1/3

MATERIAL

Sartén antiadherente o crepera eléctrica, espátula, batidora de mano, colador.

70 g de harina de avena sin gluten
4 dátiles Medjoul
6 g de lino o chía molido + 24 g de agua caliente (a 50 °C)
120 ml de bebida de avellana
8 g de levadura química
sal
aceite de coco

ELABORACIÓN

1. Mezcla el lino con el agua caliente y déjalo reposar durante 5-10 minutos.
2. Deshuesa y tritura los dátiles con un poco de agua hasta formar una pasta.
3. Tamiza la harina junto con la levadura.
4. Añade el lino, la bebida vegetal, la pasta de dátil y la sal e integra todos los ingredientes.
5. Calienta la sartén o crepera con un poco de aceite de coco.
6. Vierte la masa de las tortitas. Puedes ayudarte de una manga pastelera.
7. Cocina la tortita por un lado a fuego medio. Cuando empiecen a salir burbujas, dale la vuelta y cocínala 3 minutos por el otro lado.

Información nutricional	Por 100 g
Energía	198,4 kcal
Proteínas	6,1 g
Carbohidratos	34,2 g
Azúcares	1 g
Grasas	3,1 g

Dulce y sin azúcar

TORTITAS DE CHOCOLATE

SIN

GLUTEN LÁCTEOS FRUTOS SECOS

RACIONES
6-8 unidades

TIEMPO
40 minutos

DIFICULTAD
1/3

MATERIAL

Sartén antiadherente o crepera eléctrica, espátula, batidora de mano, colador, manga pastelera.

60 g de harina de avena sin gluten
10 g de cacao en polvo o algarroba
3 huevos
2 plátanos pequeños
6 g de levadura química
canela Ceilán al gusto
20 g de pepitas de chocolate 85 % Cocuisine para decorar
aceite de coco

ELABORACIÓN

1. Tritura los plátanos hasta formar un puré.
2. Tamiza la harina junto con la levadura.
3. Bate los huevos y mézclalos con el puré de plátano.
4. Añade la harina, la levadura, el cacao y la canela a la mezcla anterior e integra bien los ingredientes.
5. Calienta la sartén o crepera con un poco de aceite de coco.
6. Añade la masa de las tortitas. Puedes ayudarte de una manga pastelera.
7. Cocina la tortita por un lado a fuego medio. Cuando empiecen a salir burbujas, dale la vuelta y cocínala 3 minutos por el otro lado.
8. Decora las tortitas con el chocolate fundido.

Información nutricional	Por 100 g
Energía	168,2 kcal
Proteínas	7,7 g
Carbohidratos	18,4 g
Azúcares	6,7 g
Grasas	6,3 g

Dulce y sin azúcar

CREPES CON CREMA DE CACAO

SIN

GLUTEN   LÁCTEOS   FRUTOS SECOS

RACIONES
3-5 unidades

TIEMPO
40 minutos

DIFICULTAD
1/3

MATERIAL
Sartén antiadherente o crepera eléctrica, espátula, batidora de mano, colador, cazo.

PARA LAS CREPES
100 g de harina de avena sin gluten o de trigo sarraceno
1 huevo
290 g de bebida vegetal
½ cdta. de vainilla en polvo natural
una pizca de sal
aceite de coco

PARA LA CREMA DE CACAO
100 g de chocolate 85 %
60 g de crema de anacardo o de almendra
½ plátano (opcional)

ELABORACIÓN

1. Bate el huevo y mezcla con el aceite de coco y la bebida vegetal.
2. Tamiza la harina y mezcla con los ingredientes líquidos hasta que no queden grumos.
3. Añade la vainilla en polvo y la sal.
4. Calienta la sartén o crepera con un poco de aceite de coco.
5. Añade la masa de las crepes con ayuda de un cazo.
6. Cocinar la crepe por un lado a fuego medio. Cuando empiecen a salir burbujas, darle la vuelta y cocinar 3 minutos por el otro lado.
7. Para la crema de cacao, funde el chocolate al baño María o a pequeños golpes en el microondas.
8. Bate el plátano hasta hacerlo puré.
9. Mezcla la crema de anacardo con el plátano y el chocolate.
10. Unta la crema de cacao en la crepe y decora con la fruta que más te guste.

Información nutricional	Por 100 g
Energía	265,4 kcal
Proteínas	7,9 g
Carbohidratos	21,5 g
Azúcares	5,5 g
Grasas	15,5 g

Dulce y sin azúcar

Los postres de siempre

ARROZ CON «LECHE»

SIN

GLUTEN   LACTEOS   FRUTOS SECOS

RACIONES
4 raciones

TIEMPO
35 minutos

DIFICULTAD
2/3

MATERIAL
Espátula, cuchillo, batidora de mano, colador, cazo.

160 g de arroz
750 ml de bebida vegetal
    (la que prefieras)
piel de 1 limón entero
piel de 1 naranja entera
1 manzana golden
una rama de canela Ceilán
canela Ceilán en polvo

ELABORACIÓN

1. Lava bien el arroz en crudo.
2. Pon agua a hervir.
3. Añade el arroz y cuécelo durante 10 minutos.
4. Mientras, pela y corta la manzana. Cocínala en el microondas 1-2 minutos hasta que quede blandita.
5. Una vez lista, tritúrala hasta formar un puré y resérvala.
6. Calienta la bebida vegetal junto con las ralladuras de limón, de naranja y la canela en rama hasta que dé un hervor.
7. Una vez esté el arroz cocido, escurre el agua y añádelo a la bebida vegetal infusionada.
8. Baja a fuego medio y deja que se cocine entre 8-10 minutos sin dejar de remover.
9. El arroz debe estar blando pero suelto, con una consistencia semilíquida. Si ves que se va quedando seco, puedes ir añadiendo más bebida vegetal.
10. Aparta del fuego y añádele el puré de manzana.
11. Emplata y espolvorea por encima con canela en polvo al gusto.

Información nutricional	Por 100 g
Energía	70,3 kcal
Proteínas	1,3 g
Carbohidratos	14,2 g
Azúcares	2,2 g
Grasas	0,7 g

Dulce y sin azúcar

MOUSSE DE CHOCOLATE SIN LÁCTEOS

RACIONES
3 raciones

TIEMPO
35 minutos

DIFICULTAD
1/3

MATERIAL
Batidora de mano, varilla manual, espátula, molde de magdalenas Cocuisine.

100 g de chocolate 85 %
3 claras de huevo
1 caqui o un plátano
sal
frutos secos al gusto (para decorar)

ELABORACIÓN

1. Funde el chocolate al baño María o en pequeños golpes al microondas.
2. Bate el caqui pelado y deshuesado o el plátano con el chocolate.
3. Monta las claras a punto de nieve con la sal hasta que queden bien espumosas.
4. Mezcla el chocolate con las claras a punto de nieve e introduce el mousse en el molde de magdalenas Cocuisine.
5. Deja enfriar durante al menos 3 horas.
6. Después, puedes desmoldar y ponerle frutos secos troceados por encima.

Información nutricional	Por 100 g
Energía	198,4 kcal
Proteínas	5,2 g
Carbohidratos	16,5 g
Azúcares	12,5 g
Grasas	11,4 g

Dulce y sin azúcar

MOUSSE DE CHOCOLATE SIN HUEVO

SIN

GLUTEN   HUEVO

RACIONES
3 raciones

TIEMPO
35 minutos

DIFICULTAD
1/3

MATERIAL
Batidora de mano, varilla manual, espátula, molde de magdalenas Cocuisine, colador.

100 g de chocolate 85 %
75 g de nata
1 caqui
2 g de gelatina neutra
    en lámina
½ vaina de vainilla

COBERTURA
frutos secos variados
    troceados

Información nutricional	Por 100 g
Energía	226 kcal
Proteínas	3,6 g
Carbohidratos	18,2 g
Azúcares	13,9 g
Grasas	14,3 g

ELABORACIÓN

1. Deja la gelatina en remojo en agua fría.
2. Calienta la nata hasta que humee junto con la vaina de vainilla abierta y sin las semillas. Entonces, incorpora la gelatina hidratada.
3. Funde el chocolate al baño María o en pequeños golpes al microondas.
4. Bate el caqui pelado y deshuesado con el chocolate.
5. Cuela la nata para que no queden restos de la piel de la vainilla.
6. Emulsiona poco a poco la nata con el chocolate con ayuda de una espátula. Remueve constantemente hasta que quede una masa gelatinosa y homogénea.
7. Vierte el mousse en el molde de magdalenas y deja enfriar al menos durante 4 horas.
8. Desmolda con cuidado y ponle frutos secos troceados por encima.
9. Para desmoldarlo con más facilidad, se puede congelar el mousse.

Dulce y sin azúcar

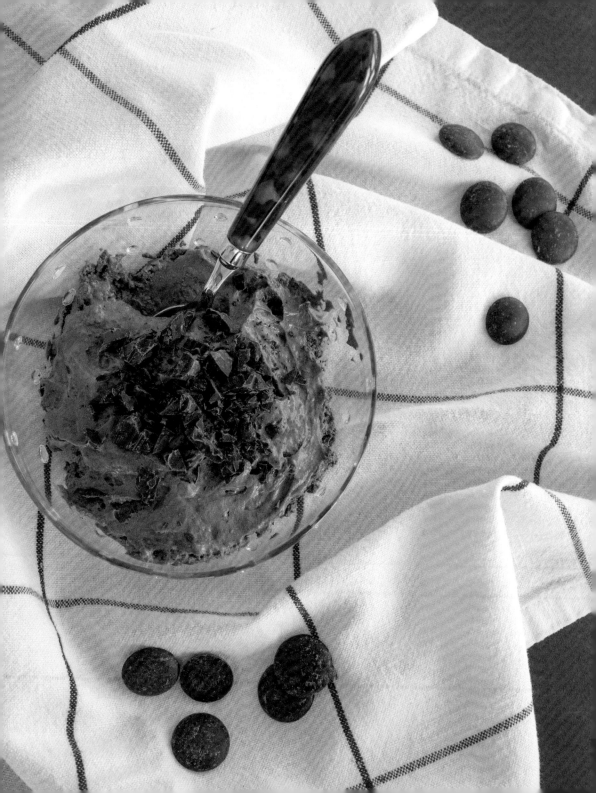

TIRAMISÚ

GLUTEN

RACIONES
4 raciones

TIEMPO
60 minutos

DIFICULTAD
2/3

MATERIAL
Molde redondo de 15 cm, varillas manuales, pincel, espátula de codo, colador pequeño.

PARA EL BIZCOCHO
120 g de harina de avena sin gluten
20 g de almendra molida
3 huevos
2 manzanas golden o reineta
1 dátil Medjoul
canela Ceilán
6 g de levadura química
120 ml de café

PARA LA CREMA DE MASCARPONE
250 g de queso mascarpone
4 dátiles Medjoul

COBERTURA
cacao o algarroba en polvo

Información nutricional	Por 100 g
Energía	210,1 kcal
Proteínas	6 g
Carbohidratos	17,8 g
Azúcares	3,3 g
Grasas	12,1 g

ELABORACIÓN

1. Corta y pela las manzanas. Ásalas al microondas durante 1-2 minutos hasta que queden blanditas.
2. Tritúralas con el dátil deshuesado y resérvalos.
3. Tamiza la harina junto con la levadura.
4. Bate los huevos y mézclalos con el puré de fruta.
5. Añade la harina tamizada con la levadura, la canela y la almendra. Remueve bien hasta que quede una mezcla homogénea.
6. Hornea a 190 °C con el horno precalentado durante 25-30 minutos.
7. Deja enfriar y desmóldalo.
8. Tritura los 4 dátiles con un dedo de agua hasta que quede una pasta.
9. Mezcla con el queso mascarpone con ayuda de unas varillas manuales.
10. Abre el bizcocho por la mitad y con ayuda de un pincel, moja las dos mitades del bizcocho con el café.
11. Para que empapc bien el bizcocho, repite este proceso tres veces.
12. Encima de un plato o una base, coloca una mitad de bizcocho, añade una capa de queso mascarpone con una espátula de codo. Después, pon la otra mitad del bizcocho encima y otra capa de queso.
13. Espolvorea por encima el cacao en polvo con un colador pequeño.

Dulce y sin azúcar

FLAN DE HUEVO Y VAINILLA

RACIONES
8 raciones

TIEMPO
1 hora y 20 minutos

DIFICULTAD
2/3

MATERIAL
Molde de magdalenas
Cocuisine, espátula, batidora
de mano, varillas.

3 yemas de huevo
3 huevos enteros
400 ml de bebida vegetal de
   coco
½ vaina de vainilla
4 g de gelatina neutra en
   láminas
4 dátiles Medjoul o
   1 manzana golden asada
ralladura de una naranja

ELABORACIÓN

1. Hidrata las láminas de gelatina en agua fría durante 15 minutos.
2. Bate los dátiles deshuesados con la bebida vegetal.
3. Calienta la bebida vegetal hasta que humee con la ralladura y la vaina de vainilla abierta y sin semillas. Retira del fuego y añade la gelatina escurrida.
4. Bate los huevos y las yemas. Vierte una pequeña parte de bebida vegetal caliente y mézclalo. Después añade el resto de la bebida de golpe mientras remueves con las varillas.
5. Para hacer el baño María, coloca encima de la bandeja de horno un recipiente donde quepa el molde de las magdalenas encima y vierte la mezcla en los moldes.
6. Añade agua al recipiente hasta que cubra ⅔ del molde de silicona.
7. Hornea durante 60-70 minutos a 170 °C con el horno precalentado.
8. Deja enfriar y desmolda los flanes.

Información nutricional	Por 100 g
Energía	114,5 kcal
Proteínas	5,1 g
Carbohidratos	11,1 g
Azúcares	1,5 g
Grasas	5,3 g

Dulce y sin azúcar

FLAN DE MANGO

SIN

GLUTEN

LÁCTEOS

HUEVO

FRUTOS SECOS

RACIONES
4 raciones

TIEMPO
20 minutos

DIFICULTAD
1/3

MATERIAL
Molde de magdalenas
Cocuisine, espátula, batidora
de mano, vaso batidor,
bandeja.

150 g de bebida vegetal
(la que quieras)
1 mango pequeño
4 g de gelatina neutra
en láminas

COBERTURA
30 g de chocolate 85 %
Cocuisine rallado

ELABORACIÓN

1. Introduce las láminas de gelatina en agua fría. Déjalas hidratar durante 15 minutos.
2. Calienta la bebida vegetal hasta que humee.
3. Añade la gelatina hidratada y remueve para que se disuelva.
4. En un vaso batidor, añade el mango, la bebida vegetal y bate bien.
5. Vierte la mezcla al molde de magdalenas (mejor colocarlo encima de la bandeja para evitar que la masa se derrame al moverlo).
6. Deja reposar en la nevera durante al menos 4 horas.
7. También puedes llevarlo al congelador para acelerar la gelificación y que desmolde mejor.
8. Una vez estén gelificados, desmóldalo y añade por encima el chocolate rallado.

Información nutricional	Por 100 g
Energía	81,2 kcal
Proteínas	1,8 g
Carbohidratos	11 g
Azúcares	10,4 g
Grasas	3 g

Dulce y sin azúcar

NATILLAS DE CHOCOLATE

RACIONES
4 raciones

TIEMPO
25 minutos

DIFICULTAD
1/3

MATERIAL:
Batidora de mano,
recipientes individuales.

4 caquis o melocotones
1,5 g de gelatina neutra
   en láminas
100 g de chocolate 85 %
   Cocuisine

ELABORACIÓN

1. Hidrata la gelatina 10 minutos en agua fría.
2. Pela y tritura los caquis con la batidora de mano hasta hacerlos puré.
3. Calienta el puré de caquis y, cuando empiece a hervir, añade la gelatina hidratada y retira del fuego.
4. Funde el chocolate al baño María o en pequeños golpes de calor al microondas y mézclalo con el puré de caqui.
5. Añade la mezcla en recipientes individuales.
6. Opcional: puedes colocar una galleta por encima. En la página 60 encontrarás la receta de galletas de mantequilla.
7. Deja enfriar en la nevera durante 2 horas.

Información nutricional	Por 100 g
Energía	122,6 kcal
Proteínas	1,6 g
Carbohidratos	16,9 g
Azúcares	13,6 g
Grasas	4,4 g

Dulce y sin azúcar

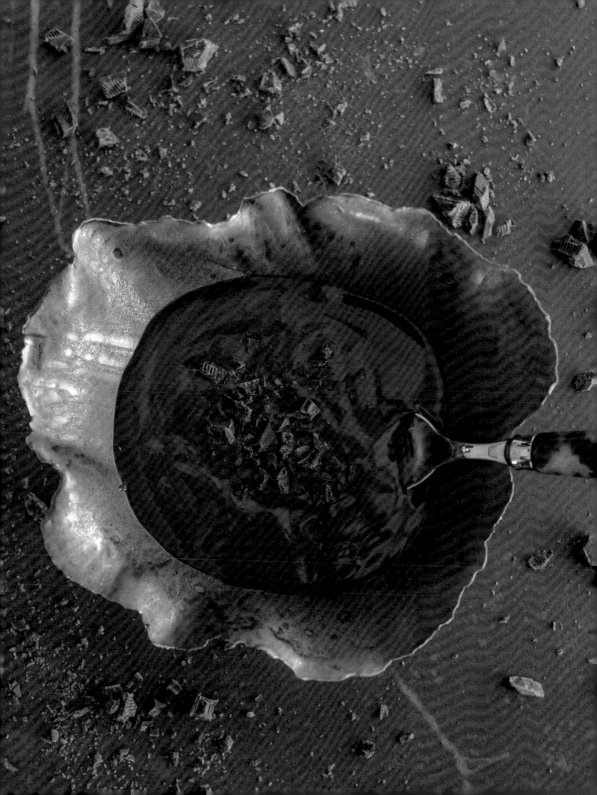

EMPANADILLAS DE CREMA DE CACAO

SIN

GLUTEN   LÁCTEOS   HUEVO

RACIONES
8-10 unidades

TIEMPO
40 minutos

DIFICULTAD
1/3

MATERIAL:
Batidora de mano, rodillo, tapete para horno, papel vegetal.

PARA LA MASA DE LAS EMPANADILLAS
1 yuca fresca o congelada
10 g de aceite de oliva virgen extra
una pizca de sal

PARA LA CREMA DE CACAO
100 g de chocolate 85 % fundido
60 g de crema de anacardo
½ plátano chafado (opcional)

Información nutricional	Por 100 g
Energía	253,9 kcal
Proteínas	3,6 g
Carbohidratos	33,5 g
Azúcares	5,9 g
Grasas	11 g

ELABORACIÓN

1. Precalienta el horno a 200 °C.
2. Si la yuca es fresca, pélala, quítale la parte central y córtala.
3. Cuece la yuca durante 15 minutos aproximadamente desde que el agua empiece a hervir. Tiene que quedar blandita.
4. Deja enfriar la yuca.
5. Mientras, prepara la crema de cacao; funde el chocolate al baño María o en el microondas y mézclalo con la crema de anacardo.
6. Tritura la yuca fría junto con la sal y el aceite de oliva virgen extra.
7. Haz bolas del tamaño que prefieras. Estíralas entre dos papeles vegetales con un rodillo.
8. Rellena con la crema de cacao (ver página 86).
9. Cierra las empanadillas doblando por la mitad y aplasta los bordes con un tenedor.
10. Opcional: pinta las empanadillas con mantequilla o aceite de coco fundido.
11. Hornea a 180 °C (con calor arriba y abajo) durante 20 minutos.
12. Si las haces con la freidora de aire, cocínalas a 180 °C por unos 4-5 minutos.

Dulce y sin azúcar

LAZOS DE CANELA Y NARANJA

SIN

GLUTEN   LÁCTEOS

HUEVO   FRUTOS SECOS

RACIONES
4-8 raciones

TIEMPO
40 minutos

DIFICULTAD
1/3

MATERIAL
Batidora de mano, rodillo, tapete para horno, papel vegetal, regla.

½ yuca fresca o congelada
5 g de aceite de oliva virgen extra
una pizca de sal

COBERTURA
canela Ceilán
ralladura de ½ naranja

Información nutricional	Por 100 g
Energía	169,7 kcal
Proteínas	1,4 g
Carbohidratos	35 g
Azúcares	1,7 g
Grasas	2,2 g

ELABORACIÓN

1. Precalienta el horno a 200 °C.
2. Si la yuca es fresca, pélala, quítale la parte central y córtala.
3. Cuece la yuca durante 15 minutos aproximadamente desde que el agua empiece a hervir. Tiene que quedar blandita. Deja enfriar la yuca a temperatura ambiente.
4. Tritura la yuca fría junto con la sal y el aceite de oliva virgen extra.
5. Estira la masa con un rodillo. Tiene que quedar con un grosor de 0,5 cm aproximadamente.
6. Espolvorea la canela y la ralladura de naranja por toda la masa.
7. Deja enfriar en la nevera unos 15 minutos.
8. Corta tiras de 15 cm × 4 cm aproximadamente con ayuda de una regla.
9. Coge la tira por ambos extremos y retuércela en dos vueltas hasta que quede con forma de espiral.
10. Pon los lazos en el tapete para horno y hornea a 180 °C durante 15-20 minutos, siempre vigilando.

COPA DE COULIS DE ALBARICOQUE, NATA Y HIERBABUENA

SIN

GLUTEN   HUEVO   FRUTOS SECOS

RACIONES
2 raciones

TIEMPO
40 minutos

DIFICULTAD
1/3

MATERIAL
Espátula, varillas manuales, batidora de mano, colador, manga pastelera, copas de cristal, cazo grande, cuchillo.

PARA EL COULIS DE ALBARICOQUE
180 g de albaricoques pelados y deshuesados
20 g de agua
1 rama de hierbabuena
3 g de pectina NH
5 g de zumo de limón

PARA LA NATA MONTADA
250 g de nata para montar
4 dátiles Medjoul
1 rama de hierbabuena

Información nutricional	Por 100 g
Energía	274,2 kcal
Proteínas	3,5 g
Carbohidratos	26,1 g
Azúcares	3,64 g
Grasas	16,9 g

ELABORACIÓN

1. Corta los albaricoques pelados y deshuesados y tritúralos hasta conseguir un puré.
2. Calienta el puré en un cazo grande y añádele las hojas de hierbabuena y el agua.
3. Cuando hierva, incorpora la pectina y remueve durante 40 segundos con las varillas. Una vez pasado ese tiempo, retira el cazo del fuego.
4. Añade el zumo de limón y cuélalo.
5. Cuando esté templado, vierte la mezcla en las copas de cristal. Deja enfriar en la nevera.
6. Mientras, monta la nata a mano con las varillas hasta que adquiera una textura semiconsistente (no muy montada).
7. Tritura los dátiles con dos cucharadas de agua hasta formar una pasta y mézclalos con la nata con movimientos envolventes y suaves.
8. Pasa la nata a una manga pastelera. Puedes utilizar cualquier boquilla grande (lisa o rizada) y decorar el coulis por encima como que quieras.
9. Pica la hierbabuena en trozos muy pequeños y esparce un poco por encima de la nata.

ROSCÓN DE REYES CON NATA

SIN

GLUTEN

RACIONES
8 raciones

TIEMPO
1 hora y 30 minutos

DIFICULTAD
3/3

MATERIAL
Espátula, varillas manuales, batidora de mano, tapete de horno Cocuisine, manga pastelera, cuchillo de sierra, amasadora (opcional), pincel.

PARA LA MASA
100 g de harina de trigo sarraceno
100 g de almidón de tapioca
100 g de harina integral de arroz
2,5 g de goma xantana
60 ml de leche o bebida vegetal
50 g de mantequilla, aceite de coco o mantequilla vegetal
3 huevos
2 cdas. de agua de azahar
ralladura de 1 naranja
7 dátiles Medjoul
una pizca de sal
4 g de levadura seca de panadería

ELABORACIÓN

1. Deshuesa y pela los dátiles Medjoul. Tritúralos con un dedo de agua hasta formar una pasta.
2. Mezcla los ingredientes secos: las harinas, el almidón, la goma xanatana y la levadura seca.
3. Mezcla ahora los ingredientes húmedos en otro recipiente: los huevos batidos, la leche, el agua de azahar, la pasta de dátil y la ralladura de naranja.
4. Ve añadiendo los ingredientes húmedos a los secos poco a poco hasta que el conjunto quede homogéneo.
5. Derrite ligeramente la mantequilla (caliéntala a baja temperatura) a unos 22-24 °C. Tiene que quedar líquida.
6. Añádela a la masa poco a poco. Amasa hasta que quede homogénea.
7. Deja reposar la masa 10 minutos, vuelve a amasarla y deja que repose de nuevo 20 minutos.
8. Dale forma al roscón sobre de la bandeja con el tapete de horno Cocuisine. La masa es un poco pegajosa, por lo que puedes mojarte las manos levemente para que sea más fácil manejarla.
9. Deja fermentar la masa en el horno a 30 °C hasta que doble su tamaño (no hay que excederse en el fermentado).

Dulce y sin azúcar

COBERTURA

1 huevo batido
almendras laminadas
1 naranja

PARA EL RELLENO

300 ml de nata para montar
    o nata de coco
5 dátiles Medjoul
2 manzanas golden asadas
    trituradas o 2 plátanos
    triturados

10. Pinta el roscón con el huevo batido con ayuda de un pincel y añade las láminas de almendra y la naranja en rodajas muy finas. Puedes añadirle la fruta que más te guste.

11. Hornea a 180 °C con el horno precalentado durante 30 minutos aproximadamente hasta que quede doradito.

12. Mientras tanto, monta la nata a mano o con un batidor de varillas. No te excedas porque tenemos que conseguir una textura semiconsistente y firme.

13. Tritura los dátiles y la fruta hasta que quede un puré.

14. Mezcla el puré de fruta con la nata montada con ayuda de una espátula con movimientos envolventes y ligeros.

15. Pasa la elaboración anterior a una manga pastelera. Puedes utilizar una boquilla grande (lisa o rizada) o simplemente no utilizar ninguna boquilla.

16. Abre el roscón por la mitad con un cuchillo de sierra una vez esté frío.

17. Rellénalo con la nata de la manera que más te guste.

Información nutricional	Por 100 g
Energía	253,8 kcal
Proteínas	6,9 g
Carbohidratos	36,1 g
Azúcares	1,5 g
Grasas	8,3 g

Dulce y sin azúcar

CHOCOLATE A LA TAZA

SIN

GLUTEN

RACIONES
4 raciones

TIEMPO
20 minutos

DIFICULTAD
1/3

MATERIAL

Cazo, espátula, cuchillo mondador, colador.

400 g de pepitas de chocolate 85% Cocuisine
500 ml de leche o bebida vegetal de coco o almendra
1 vaina de vainilla Cocuisine
ralladura de 1 naranja (opcional)

ELABORACIÓN

1. Calienta la leche o bebida vegetal a fuego bajo sin que llegue a hervir.
2. Añade la ralladura de naranja.
3. Abre la vaina de vainilla por la mitad con ayuda de un cuchillo, rasca las semillas de dentro y añade a la leche caliente todas las semillas y la piel de la vainilla.
4. Infusiona unos minutos a fuego bajo. Retira del fuego y deja reposar 20 minutos.
5. Cuela la leche.
6. Vuelve a calentarla a fuego bajo (puede humear, pero que no llegue a hervir)
7. Añade el chocolate en pepitas y remueve suavemente con paciencia hasta que se disuelva y quede homogéneo.
8. Si te gusta el chocolate más espeso, necesitará más tiempo de cocinado a fuego lento. Si lo prefieres más líquido, puedes añadirle más leche o bebida vegetal.

Información nutricional	Por 100 g
Energía	263,3 kcal
Proteínas	3,7 g
Carbohidratos	16,2 g
Azúcares	11,1 g
Grasas	19,3 g

Dulce y sin azúcar

Magdalenas y muffins

MAGDALENAS DE YOGUR Y LIMÓN

SIN

GLUTEN   LÁCTEOS

RACIONES
4 unidades

TIEMPO
40 minutos

DIFICULTAD
1/3

MATERIAL

Varillas manuales, batidora de mano, molde de magdalenas Cocuisine.

100 g de almendra molida
60 g de harina de avena sin gluten
150 g de yogur natural o de coco
ralladura de 1 limón
3 huevos
zumo de 1 limón
7 dátiles Medjoul o 2 plátanos
6 g de levadura química
½ cdta. de vainilla en polvo

ELABORACIÓN

1. Tritura los dátiles deshuesados con un poco de agua o los plátanos hasta formar un puré.
2. Bate los huevos y mézclalos con el puré de fruta. Añade el zumo de limón y la ralladura.
3. Mezcla todos los ingredientes secos: la almendra molida, la harina de avena, la vainilla y la levadura.
4. Ve incorporando los ingredientes húmedos con los secos poco a poco y mézclalos con la ayuda de unas varillas.
5. Añade la mezcla en el molde de magdalenas.
6. Hornea a 190 °C con el horno precalentado durante 20-25 minutos, vigilando siempre.

Información nutricional	Por 100 g
Energía	251,6 kcal
Proteínas	9,7 g
Carbohidratos	23,7 g
Azúcares	0,9 g
Grasas	12,1 g

Dulce y sin azúcar

MUFFINS DE ZANAHORIA

SIN

GLUTEN

RACIONES
4 unidades

TIEMPO
60 minutos

DIFICULTAD
2/3

MATERIAL

Rallador, varillas manuales, batidora de mano, molde de magdalenas Cocuisine, tenedor, espátula, manga pastelera.

PARA LA MASA

70 g de harina de avena sin gluten o de trigo sarraceno
40 g de almendra molida
3 huevos
4 dátiles Medjoul
35 g de mantequilla o aceite de coco
60 g de zanahoria rallada cruda

PARA LA COBERTURA

250 g de queso mascarpone
2 plátanos chafados
canela Ceilán
ralladura de lima

Información nutricional	Por 100 g
Energía	267,6 kcal
Proteínas	6,7 g
Carbohidratos	17,7 g
Azúcares	3,5 g
Grasas	18,2 g

ELABORACIÓN

1. Ralla la zanahoria cruda y tritura junto con los dátiles deshuesados con un dedo de agua hasta que quede una pasta.

2. Bate ahora los huevos y mezcla con la pasta de zanahoria y dátiles.

3. Mezcla los ingredientes secos: la almendra molida y la harina.

4. Añade los ingredientes húmedos poco a poco a los secos con ayuda de una varilla. Mézclalos bien hasta que quede una masa homogénea.

5. Derrite la mantequilla o el aceite de coco y añádelo a la masa. Vuelve a mezclar.

6. Añade la mezcla en el molde de magdalenas.

7. Hornea a 190 °C con el horno precalentado durante 20-25 minutos.

8. Mientras se van haciendo y vigilamos el horno, hacemos el *frosting*. Lo primero será chafar los plátanos con ayuda de un tenedor.

9. Mezcla el queso mascarpone con los plátanos y la canela con ayuda de una espátula.

10. Una vez los muffins se hayan horneado y templado, pasa el *frosting* a una manga pastelera y decóralos al gusto.

11. Añade por encima la ralladura de lima.

Dulce y sin azúcar

MAGDALENAS CON PEPITAS DE CHOCOLATE

SIN

GLUTEN   HUEVO   FRUTOS SECOS

RACIONES
4 unidades

TIEMPO
40 minutos

DIFICULTAD
1/3

MATERIAL
Molde de magdalenas
Cocuisine, varillas manuales,
batidora de mano,
termómetro.

70 g de harina de trigo
   sarraceno
40 g de harina de avena
30 g de pepitas de chocolate
   85 % Cocuisine
12 g lino molido + 50 g
   de agua a 50 °C
   (en sustitución del huevo)
2 manzanas golden
6 g de levadura química
20 ml de aceite de coco
   u oliva
1 dátil Medjoul (opcional)
½ cdta. de vainilla en polvo

Información nutricional	Por 100 g
Energía	176,3 kcal
Proteínas	3,7 g
Carbohidratos	22,4 g
Azúcares	7,5 g
Grasas	7 g

ELABORACIÓN

1. Calienta el agua levemente sin que llegue a hervir. Tiene que quedar templada, a unos 50 °C (puedes medirlo con el termómetro).
   Deja hidratar el lino molido en el agua templada durante 5 minutos.
2. Tamiza las harinas con la levadura.
3. Pela y corta las manzanas; después, ásalas al microondas durante 3 minutos hasta que queden blandas.
4. Tritura las manzanas con el dátil pelado y deshuesado.
5. Mezcla el lino hidratado junto con el puré de fruta.
6. Incorpora poco a poco los ingredientes húmedos a los secos y la vainilla, mezclando todo con las varillas hasta que quede homogéneo.
7. Añade el aceite de coco derretido y vuelve a mézclalo bien.
8. Integra las pepitas de chocolate en la masa.
9. Vierte la masa en el molde de magdalenas y hornéalas a 180 °C con el horno precalentado durante 20-25 minutos sin dejar de vigilarlas.

Dulce y sin azúcar

MUFFINS DE BROWNIE VEGANOS

SIN

GLUTEN HUEVO LÁCTEOS

RACIONES
4-6 unidades

TIEMPO
40 minutos

DIFICULTAD
1/3

MATERIAL

Colador, molde de magdalenas Cocuisine, varillas manuales, tenedor, cazo.

100 g de harina de avena sin gluten
50 g de harina de trigo sarraceno
200 ml de bebida vegetal de almendra
2 plátanos o 1 nectarina
6 g de levadura química
40 gr de aceite de coco derretido
1 cda. de cacao en polvo
1 puñado de nueces peladas

COBERTURA

50 g de chocolate 85 % Cocuisine
nueces molidas

Información nutricional	Por 100 g
Energía	221,8 kcal
Proteínas	4,9 g
Carbohidratos	22,6 g
Azúcares	6,2 g
Grasas	11,5 g

ELABORACIÓN

1. Tamiza las harinas, el cacao y la levadura juntos.
2. Chafa los plátanos con ayuda de un tenedor.
3. Mezcla los plátanos chafados con la bebida vegetal.
4. Añade poco a poco los ingredientes secos tamizados a los húmedos. Mézclalos bien hasta que formen una masa homogénea.
5. Añade las nueces a la masa y rellena el molde de magdalenas Cocuisine.
6. Hornea a 180 °C con el horno precalentado durante 20-25 minutos, siempre vigilado.
7. Mientras, calienta el chocolate al baño María o al microondas en pequeños golpes de calor.
8. Desmolda los muffins y báñalos en el chocolate fundido. Espolvorea el polvo de nueces al gusto.

Dulce y sin azúcar

MAGDALENAS RELLENAS DE MERMELADA DE FRUTOS ROJOS

SIN

LÁCTEOS

RACIONES
4 unidades

TIEMPO
60 minutos

DIFICULTAD
2/3

MATERIAL
Batidora de mano, moldes de magdalenas, varillas manuales, cazo, colador.

150 g de harina de espelta integral o trigo sarraceno
30 g de almendra en polvo
6 g de levadura química
3 huevos
6 dátiles Medjoul

PARA EL RELLENO
100 g de frambuesas
100 g de arándanos
100 g de fresas
3 g de gelatina en láminas

Información nutricional	Por 100 g
Energía	190,1 kcal
Proteínas	8 g
Carbohidratos	26,7 g
Azúcares	3,9 g
Grasas	4,6 g

ELABORACIÓN

1. Tamiza la harina y la levadura y mézclalas con las almendras molidas.
2. Tritura los dátiles deshuesados y pelados con un dedo de agua. Tiene que quedar una pasta.
3. Bate los huevos y mézclalos con la pasta de dátiles.
4. Hidrata las láminas de gelatina en agua fría durante 15-20 minutos.
5. Derrite el aceite en el micro o a fuego lento.
6. Integra los ingredientes húmedos con los secos (menos el aceite) hasta que quede homogéneo.
7. Añade el aceite de coco derretido y mézclalo.
8. Para el relleno, calienta la fruta a fuego lento y remueve hasta que se deshaga en una mermelada.
9. Escurre el agua de la gelatina y añade las láminas a la mermelada. Remueve hasta que se deshaga.
10. Tritura la mezcla y cuélala.
11. Reparte la masa en los moldes hasta la mitad. Añade una cucharada de mermelada en el centro y rellena de masa hasta arriba.
12. Hornea a 180 °C durante 20-25 minutos. Desmolda y deja enfriar.

Dulce y sin azúcar

MAGDALENAS DE CALABAZA Y CANELA

SIN

GLUTEN   FRUTOS SECOS

RACIONES
6 unidades

TIEMPO
40 minutos

DIFICULTAD
1/3

MATERIALES

Batidora de mano, molde de magdalenas Cocuisine, varillas manuales.

180 g de harina de trigo sarraceno
190 g de calabaza cruda
4 dátiles Medjoul
3 huevos
40 g de mantequilla o aceite de coco derretido
8 g de levadura química
canela Ceilán

ELABORACIÓN

1. Asa la calabaza durante 20 minutos a 180 °C en el horno previamente precalentado.
2. Mientras, tamiza la harina y la levadura junto con la canela.
3. Cuando la calabaza esté lista, tritúrala junto con los dátiles deshuesados.
4. Bate los huevos y añádelos al puré de calabaza y dátil.
5. Mezcla los ingredientes secos con los húmedos poco a poco con ayuda de las varillas.
6. Derrite la mantequilla y añádela a la mezcla. Remueve bien.
7. Reparte la mezcla en los moldes de magdalenas Cocuisine.
8. Hornea a 180 °C con el horno precalentado durante 20-25 minutos, vigilado siempre.

Información nutricional	Por 100 g
Energía	220,7 kcal
Proteínas	7,7 g
Carbohidratos	27,5 g
Azúcares	1,5 g
Grasas	8 g

Dulce y sin azúcar

MAGDALENAS DE CHOCOLATE Y NARANJA

SIN

GLUTEN

RACIONES
6 unidades

TIEMPO
40 minutos

DIFICULTAD
1/3

MATERIAL
Moldes de magdalenas
Cocuisine, varillas manuales,
colador, cazo, tenedor,
cuchillo.

180 g de harina de avena sin
   gluten o de trigo
   sarraceno
3 huevos
2 cdas. de cacao en polvo
250 ml de bebida vegetal
   de almendra o de coco
2 plátanos, manzanas golden
   o melocotones
piel de 1 naranja
ralladura de ½ naranja
½ vaina de vainilla
30 g de aceite de oliva
40 g de pepitas de chocolate
   85 % Cocuisine

Información nutricional	Por 100 g
Energía	182,6 kcal
Proteínas	6,6 g
Carbohidratos	17,8 g
Azúcares	4,6 g
Grasas	8,6 g

ELABORACIÓN

1. Abre la vaina de vainilla por la mitad y retira las semillas de dentro con ayuda de un cuchillo.
2. Calienta la bebida vegetal sin que llegue a hervir con la piel de naranja, las semillas de vainilla y la vaina. Deja cocinar a fuego muy lento durante 5 minutos. Apaga el fuego y deja infusionar 15 minutos con el cazo tapado.
3. Tamiza la harina, la levadura y el cacao juntos.
4. Chafa el plátano con un tenedor.
5. Cuela la infusión.
6. Bate los huevos y mézclalos con los plátanos chafados. Luego incorpora la infusión de naranja y vainilla.
7. Mezcla los ingredientes secos con los húmedos (menos el aceite y las pepitas) poco a poco con la varilla hasta que quede una masa homogénea.
8. Añade el aceite y las pepitas de chocolate. Intégralos bien.
9. Reparte la masa en los moldes de magdalenas Cocuisine.
10. Hornea a 180 °C con el horno precalentado durante 20-25 minutos, siempre vigilado.

Dulce y sin azúcar

MAGDALENAS DE BONIATO Y ALGARROBA

SIN

GLUTEN LÁCTEOS FRUTOS SECOS

RACIONES
4 unidades

TIEMPO
50 minutos

DIFICULTAD
1/3

MATERIAL
Batidora de mano, molde de magdalenas Cocuisine, varillas manuales.

180 g de harina de avena sin gluten
15 g de algarroba en polvo
150 g de boniato cocido
1 manzana golden
canela Ceilán
3 huevos
6 g de levadura química
30 g de aceite de coco

ELABORACIÓN

1. Tamiza la harina y la levadura junto con la canela.
2. Asa la manzana al micro durante 2 minutos hasta que quede blandita.
3. Tritura el boniato cocido junto con la manzana asada.
4. Bate los huevos y añade el puré de boniato y manzana.
5. Mezcla los ingredientes secos con los húmedos (menos el aceite) poco a poco con ayuda de las varillas.
6. Derrite el aceite de coco y añádelo a la mezcla. Remueve bien hasta que quede todo bien integrado.
7. Descarta ¼ aproximadamente de la masa, añade la algarroba en polvo y mézclalo con las varillas.
8. Primero, reparte la masa sin algarroba en los moldes de magdalenas Cocuisine. Después, reparte encima la masa con algarroba y mezcla las dos masas con movimientos suaves y envolventes para que haga efecto marmolado.
9. Hornea a 180 °C con el horno precalentado durante 20-25 minutos, siempre vigilado.

Información nutricional	Por 100 g
Energía	194,4 kcal
Proteínas	7,8 g
Carbohidratos	20,3 g
Azúcares	3,8 g
Grasas	8,3 g

Dulce y sin azúcar

MUFFINS CON CREMA DE ALBARICOQUE

SIN

GLUTEN   LÁCTEOS

RACIONES
4 unidades

TIEMPO
50 minutos

DIFICULTAD
1/3

MATERIAL
Colador, batidora de mano, varillas manuales, batidor de varillas, molde de magdalenas Cocuisine, espátula, manga pastelera, boquilla lisa o rizada.

PARA LOS MUFFINS
120 g de harina de trigo sarraceno
60 g de almendra molida
4 albaricoques maduros
7 g de levadura química
3 huevos
30 g de aceite de coco o mantequilla

COBERTURA
200 ml de nata para montar o nata de coco
4 albaricoques maduros

Información nutricional	Por 100 g
Energía	257,2 kcal
Proteínas	7,9 g
Carbohidratos	22,6 g
Azúcares	1,3 g
Grasas	14,4 g

ELABORACIÓN

1. Tamiza la harina y la levadura juntas.
2. Tritura los albaricoques hasta hacer un puré.
3. Bate los huevos y mézclalos con el puré de albaricoque.
4. Mezcla los ingredientes secos (la harina y la levadura tamizadas y la almendra molida) con los ingredientes húmedos (menos la mantequilla) hasta que quede una masa homogénea.
5. Derrite la mantequilla e incorpórala a la mezcla. Vuelve a mezclar bien.
6. Reparte la masa en los moldes de magdalenas Cocuisine.
7. Hornea a 180 °C con el horno precalentado durante 20-25 minutos, siempre vigilado.
8. Mientras, montamos la nata con la ayuda de un batidor de varillas.
9. Trituramos los otros 4 albaricoques y los mezclamos con la nata con ayuda de una espátula con movimientos envolventes.
10. Pasa la crema a una manga pastelera con una boquilla grande rizada o lisa.
11. Decora los muffins al gusto.

Dulce y sin azúcar

MAGDALENAS DE MANDARINA Y JENGIBRE

SIN

GLUTEN   LÁCTEOS

RACIONES
4 unidades

TIEMPO
40 minutos

DIFICULTAD
1/3

MATERIAL
Batidora de mano, varillas manuales, batidor de varillas, molde de magdalenas Cocuisine.

100 g de harina de arroz integral o de trigo sarraceno
30 g de almendra molida
100 ml de bebida de almendra o vegetal al gusto
3 huevos
6 g de levadura química
1 mandarina pequeña
1 plátano o manzana golden
½ cdta. de jengibre en polvo

ELABORACIÓN

1. Tamiza la harina junto con la levadura.
2. Tritura la mandarina con el plátano hasta formar un puré.
3. Bate los huevos, añade la bebida vegetal y el puré de fruta.
4. Mezcla los ingredientes húmedos y los secos con ayuda de un batidor de varillas hasta que quede homogéneo.
5. Vierte la masa en los moldes de magdalenas.
6. Hornea a 180 °C con el horno precalentado durante 20-25 minutos, siempre vigilado.

Información nutricional	Por 100 g
Energía	155,6 kcal
Proteínas	6,2 g
Carbohidratos	18,4 g
Azúcares	4,4 g
Grasas	5,9 g

Dulce y sin azúcar

Dónuts y minidónuts

DÓNUTS BOMBÓN

SIN

GLUTEN LÁCTEOS

RACIONES
5 unidades

TIEMPO
50 minutos

DIFICULTAD
1/3

MATERIAL

Batidora, molde de dónuts
Cocuisine, varillas manuales,
espátula, cazo, termómetro
de cocina, rejilla.

PARA LA MASA DE DÓNUT

100 g de harina de arroz
    integral o de trigo
    sarraceno
30 g de almendra molida
3 huevos
1 cdta. de polvo de vainilla o
    ½ vaina de vainilla
2 plátanos o manzanas
    golden
1 dátil Medjoul (opcional)
6 g de levadura química
30 g de aceite de coco, oliva
    o mantequilla vegetal

PARA EL GLASEADO

90 g de chocolate 85 %
quinoa hinchada

Información nutricional	Por 100 g
Energía	270,7 kcal
Proteínas	6,9 g
Carbohidratos	25,8 g
Azúcares	7,5 g
Grasas	14,7 g

ELABORACIÓN

1. Tamiza la harina junto con la levadura.
2. Tritura los plátanos o las manzanas y el dátil.
3. Bate los huevos y mézclalos con el puré de fruta.
4. Incorpora los ingredientes secos.
5. Añade los ingredientes húmedos (menos el aceite) y mézclalos con ayuda de unas varillas manuales.
6. Derrite el aceite o la mantequilla y añádelo.
7. Rellena los moldes de dónuts.
8. Hornea a 180 °C durante 25-35 minutos con el horno previamente precalentado. Deja que enfríen.
9. Para preparar el glaseado, primero hay que atemperarlo. Calienta el agua en un cazo hasta que hierva. Baja el fuego al mínimo y pon el chocolate en un bol y este, encima del cazo.
10. Ve derritiendo el chocolate removiendo constantemente hasta que llegue a 50-55 °C. Puedes controlar la temperatura con ayuda de un termómetro.
11. Una vez haya alcanzado la temperatura deseada, retira el bol del cazo y deja enfriar en la encimera. Tiene que bajar hasta los 27-28 °C.
12. Luego, volvemos a poner el bol encima del cazo (con el fuego al mínimo) hasta que alcance los 31-32 °C sin pasarnos o volveríamos a empezar.
13. Por último, coloca los dónuts en una rejilla, gláséalos y espolvorea al gusto con quinoa hinchada.

DÓNUTS DE PISTACHO

RACIONES
5 unidades

TIEMPO
50 minutos

DIFICULTAD
1/3

MATERIAL
Batidora de mano, molde de dónuts Cocuisine, varillas manuales.

PARA LA MASA DE DÓNUT
130 g de almendra molida
30 g de crema de pistacho
3 huevos
6 dátiles Medjoul
canela Ceilán
6 g de levadura

PARA EL GLASEADO Y LA DECORACIÓN
90 g de chocolate 85 %
1 cdta. de aceite de coco
crema de pistacho

ELABORACIÓN

1. Tritura los dátiles deshuesados con un poco de agua hasta formar una pasta.

2. Bate los huevos y mézclalos con la pasta de dátiles y la crema de pistacho.

3. Incorpora los ingredientes secos: la levadura, la almendra molida y la canela.

4. Añade los ingredientes húmedos y mézclalos con ayuda de unas varillas manuales hasta que quede una masa homogénea.

5. Rellena los moldes de dónuts.

6. Hornea a 180 °C durante 25-35 minutos con el horno previamente precalentado.

7. Mientras, derrite el chocolate 85 % con el aceite de coco.

8. Deja enfriar los dónuts, glaséalos y refrigéralos 30 minutos en la nevera hasta que endurezca el chocolate. Decóralos al gusto con la crema de pistacho sobre la cobertura de chocolate.

Información nutricional	Por 100 g
Energía	386,2 kcal
Proteínas	12,6 g
Carbohidratos	25,4 g
Azúcares	5,3 g
Grasas	24,5 g

DÓNUTS GLASEADOS DE FRUTOS ROJOS

SIN

GLUTEN   LÁCTEOS

RACIONES
6 unidades

TIEMPO
50 minutos

DIFICULTAD
2/3

MATERIAL
Batidora de mano, colador, cazo, varillas manuales, molde de donuts Cocuisine.

PARA LA MASA DE DÓNUT
100 g de harina de arroz integral
40 g de almendra molida
4 huevos
2 plátanos
1 dátil Medjoul (opcional)
6 g de levadura química
20 g de aceite de coco
canela Ceilán al gusto

PARA EL GLASEADO
150 g de frambuesas
50 g de fresas
30 g de agua
2 g de gelatina en láminas
1 cdta. de aceite de coco
10 ml de zumo de limón

Información nutricional	Por 100 g
Energía	169,8 kcal
Proteínas	6,1 g
Carbohidratos	17 g
Azúcares	4,5 g
Grasas	7,9 g

ELABORACIÓN

1. Tamiza la harina junto con la levadura.
2. Tritura los plátanos y el dátil.
3. Bate los huevos y mézclalos con el puré.
4. Incorpora los ingredientes secos.
5. Mézclalos con los ingredientes húmedos (menos el aceite) con ayuda de unas varillas manuales.
6. Añade el aceite de coco derretido y mezcla bien.
7. Rellena los moldes de dónuts.
8. Hornea a 180 °C durante 25-35 minutos con el horno previamente precalentado.
9. Desmóldalos deja enfriar a temperatura ambiente y resérvalos en el congelador al menos 2 horas.
10. Para el glaseado, primero hidratamos la gelatina en agua fría al menos durante 15 minutos.
11. Calienta los frutos rojos junto con el agua en un cazo. Deja que se cocinen hasta que se deshagan.
12. Apaga el fuego y añade las láminas de gelatina. Remueve hasta que se deshagan.
13. Añade el zumo de limón.
14. Tritura con la batidora y cuela para que no queden pepitas.
15. Deja enfriar el glaseado hasta que alcance unos 30 °C (quedará templado) y glasea los dónuts.

Dulce y sin azúcar

MINIDÓNUTS DE BONIATO Y CHIPS DE CHOCOLATE

SIN

GLUTEN   LÁCTEOS

RACIONES
15 unidades

TIEMPO
60 minutos

DIFICULTAD
1/3

MATERIAL
Varillas manuales, batidora de mano, molde de minidónuts Cocuisine.

80 g de harina de avena sin gluten
55 g de almendra molida
8 g de levadura química
200 g de boniato
1 manzana golden
3 huevos
20 g de anacardos
20 g de aceite de coco
canela al gusto
40 g de pepitas de chocolate Cocuisine

ELABORACIÓN

1. Tamiza la harina junto con la levadura.
2. Cuece el boniato unos 20-30 minutos hasta que esté blandito.
3. Tritura el boniato y la manzana.
4. Bate los huevos y mézclalos con el puré de boniato y manzana.
5. Incorpora los ingredientes secos: la harina, la levadura, la almendra molida y la canela.
6. Mezcla con los ingredientes húmedos (menos el aceite de coco) con ayuda de unas varillas manuales hasta que quede una masa homogénea.
7. Añade el aceite de coco derretido y vuelve a mezclar bien.
8. Añade las pepitas de chocolate a la mezcla.
9. Rellena los moldes de minidónuts.
10. Hornea a 180 °C durante 25-35 minutos con el horno previamente precalentado.

Información nutricional	Por 100 g
Energía	214,2 kcal
Proteínas	7,5 g
Carbohidratos	16,5 g
Azúcares	4,1 g
Grasas	12,3 g

Dulce y sin azúcar

DÓNUTS GLASEADOS DE MANGO

SIN

GLUTEN   LÁCTEOS

RACIONES
4 unidades

TIEMPO
60 minutos

DIFICULTAD
2/3

MATERIAL

Batidora de mano, cazo, varillas manuales, molde de dónuts Cocuisine.

PARA LA MASA DE DÓNUT

100 g de harina de arroz integral
40 g de almendra molida
4 huevos
2 manzanas golden
1 dátil Medjoul (opcional)
6 g de levadura química
20 g de aceite de coco
1 cdta. de vainilla en polvo

PARA EL GLASEADO

400 g de mango
30 g de agua
4 g de gelatina en láminas
1 cdta. de aceite de coco
10 ml de zumo de limón
1 puñado de pistachos pelados

Información nutricional	Por 100 g
Energía	144,6 kcal
Proteínas	4,7 g
Carbohidratos	15,5 g
Azúcares	7,6 g
Grasas	6,6 g

ELABORACIÓN

1. Tamiza la harina junto con la levadura.
2. Asa las manzanas al micro hasta que estén blanditas, durante 2 minutos aprox., y tritúralas.
3. Bate los huevos y mézclalos con el puré de manzana.
4. Incorpora los ingredientes secos.
5. Añade los ingredientes húmedos (menos el aceite) y mézclalos con ayuda de unas varillas manuales.
6. Añade el aceite de coco derretido y mezcla bien.
7. Rellena los moldes de dónuts.
8. Hornea a 180 °C unos 25-35 minutos con el horno previamente precalentado.
9. Desmolda y deja enfriar a temperatura ambiente. Reserva en el congelador al menos 2 horas.
10. Para el glaseado, hidrata la gelatina en agua fría al menos 15 minutos antes de utilizarla.
11. Bate el mango y caliéntalo en un cazo con el agua. Deja que se cocine hasta que dé el primer hervor.
12. Apaga el fuego y añade las láminas de gelatina. Remueve hasta que se deshagan.
13. Incorpora el zumo de limón.
14. Deja enfriar el glaseado hasta alcanzar unos 30 °C (que esté templado). Después, glasea los dónuts congelados y espolvorea los pistachos para decorar.

Dulce y sin azúcar

FILIPINOS DE CHOCOLATE

SIN

GLUTEN

RACIONES
10 unidades

TIEMPO
50 minutos

DIFICULTAD
1/3

MATERIAL

Batidora de mano, molde
de minidónuts Cocuisine.

110 g de harina de trigo
    sarraceno o de arroz
    integral
20 g de almendra en polvo
40 g de mantequilla, *ghee*
    o aceite de coco frío
2 yemas de huevo
½ plátano
una pizca de sal
2 dátiles Medjoul (opcional)

PARA EL GLASEADO

chocolate 85 % Cocuisine
1 cdta. de aceite de coco

ELABORACIÓN

1. Mezcla la harina y la mantequilla fría con las manos o con una amasadora. Tiene que quedar una textura arenosa.
2. Añade la almendra en polvo e integra bien.
3. Bate el plátano y los dátiles hasta que quede un puré. Luego, incorpora las yemas de los huevos.
4. Mezcla la masa arenosa con los ingredientes húmedos hasta conseguir una masa manejable.
5. Rellena los moldes de minidónuts.
6. Hornea a 180 °C unos 20-30 minutos con el horno previamente precalentado.
7. Para hacer el glaseado, funde el chocolate 85 % junto con el aceite de coco al baño María o al microondas en pequeños golpes de calor.
8. Una vez horneados los filipinos, desmóldalos y báñalos en el chocolate fundido.
9. Resérvalos en la nevera para que solidifique el chocolate.

Información nutricional	Por 100 g
Energía	376,9 kcal
Proteínas	8,6 g
Carbohidratos	36 g
Azúcares	5 g
Grasas	20,7 g

Dulce y sin azúcar

MINIDÓNUTS DE COCO Y ZANAHORIA

SIN

GLUTEN

RACIONES
15 unidades

TIEMPO
50 minutos

DIFICULTAD
1/3

MATERIAL

Batidora de mano, varillas manuales, molde de minidónuts Cocuisine.

30 g de zanahoria rallada
30 g de coco rallado
100 g de harina de avena sin gluten o de trigo sarraceno
3 huevos
4 dátiles Medjoul o 1 plátano
6 g de levadura química
100 ml de bebida de almendra o de coco

COBERTURA

200 g de queso crema
1 plátano

ELABORACIÓN

1. Tamiza la harina junto con la levadura.
2. Tritura los dátiles con un dedo de agua o el plátano hasta formar un puré.
3. Bate los huevos y mézclalos con el puré de fruta y la bebida vegetal.
4. Incorpora los ingredientes secos: la harina y la levadura tamizadas, la zanahoria rallada y el coco rallado.
5. Mezcla con los ingredientes húmedos con ayuda de unas varillas manuales hasta que quede una masa homogénea.
6. Rellena los moldes de minidónuts.
7. Hornea a 180 °C durante unos 25-35 minutos con el horno previamente precalentado.
8. Bate el queso crema con unas varillas manuales.
9. Chafa el plátano y mézclalo con el queso batido.
10. Baña el dónut en la cobertura al gusto.

Información nutricional	Por 100 g
Energía	231,5 kcal
Proteínas	7,2 g
Carbohidratos	19,2 g
Azúcares	3,1 g
Grasas	13,3 g

Dulce y sin azúcar

Helados

DÓNUTS HELADOS DE STRACCIATELLA

SIN

GLUTEN   FRUTOS SECOS

RACIONES
3 unidades

TIEMPO
4 horas y 30 minutos

DIFICULTAD
1/3

MATERIAL
Molde de dónuts Cocuisine, batidor de varillas manual o eléctrico, lengua, cuchillo fino.

300 g de queso mascarpone
3 manzanas golden asadas
 o peras conferencia
1 dátil Medjoul
70 g de chocolate 85 %
 Cocuisine

PARA EL GLASEADO
100 g de chocolate 85 %
 Cocuisine
1 cdta. de aceite de coco

ELABORACIÓN

1. Asa las manzanas peladas y cortadas 2 minutos al microondas o al horno hasta que queden blanditas.
2. Tritúralas junto con el dátil.
3. Cortar el chocolate 85 % con un cuchillo fino.
4. Monta el queso mascarpone con unas varillas manuales o una amasadora. Tiene que quedar cremoso y suave.
5. Mezcla con suavidad el queso con el puré de fruta con ayuda de una lengua.
6. Vierte la mezcla a los moldes de dónuts.
7. Resérvalos en el congelador durante al menos 4 horas.
8. Para preparar el glaseado, derrite el chocolate y el aceite de coco al baño María o al microondas en pequeños golpes de calor.
9. Desmoldar los dónuts congelados y báñalos en el chocolate, que se endurecerá enseguida.

Información nutricional	Por 100 g
Energía	253,4 kcal
Proteínas	3 g
Carbohidratos	14,8 g
Azúcares	9,2 g
Grasas	19,6 g

Dulce y sin azúcar

MINI-MAGNUMS DE PERA CREMOSA Y CANELA

SIN

GLUTEN LÁCTEOS

RACIONES
4 unidades

TIEMPO
4 horas y 30 minutos

DIFICULTAD
1/3

MATERIAL
Batidora de varillas, batidora de mano, molde de minihelados Cocuisine, lengua, cazo.

3 peras conferencia
120 ml de crema de coco o nata
canela Ceilán al gusto

COBERTURA OPCIONAL
crema de pistacho

ELABORACIÓN

1. Corta y pela las peras. Ásalas junto con la canela en un cazo a fuego lento.
2. Tritura las peras con la batidora de mano, resérvalas y deja enfriar.
3. Monta la crema de coco o nata con la batidora de varillas hasta que adquiera consistencia.
4. Con suavidad, mezcla la nata montada con el puré de pera con ayuda de una lengua.
5. Vierte la mezcla en los moldes de minihelados. Introduce los palos y reserva en el congelador al menos 4 horas.
6. Una vez congelados, desmóldalos y decóralos. Puedes dibujar líneas finas con la crema de pistacho.

Información nutricional	Por 100 g
Energía	111,9 kcal
Proteínas	1 g
Carbohidratos	10,7 g
Azúcares	8 g
Grasas	6,6 g

Dulce y sin azúcar

MAGNUM DOBLE CHOCOLATE

SIN

GLUTEN   FRUTOS SECOS

RACIONES
3 unidades

TIEMPO
4 horas y 30 minutos

DIFICULTAD
1/3

MATERIAL
Batidora de mano, molde
de minihelados Cocuisine.

1 melocotón o 3 albaricoques
1 caqui o plátano
2 cdas. de cacao en polvo
   o algarroba
chips de chocolate 85 %
   Cocuisine

PARA LA COBERTURA
80 g de chocolate 85 %
   Cocuisine
1 cda. de aceite de coco

ELABORACIÓN

1. Tritura el caqui y el melocotón con la batidora de mano.
2. Añade las cucharadas de cacao en polvo y los chips o trocitos de chocolate.
3. Vierte la mezcla en los moldes de minihelados. Coloca los palos y lleva al congelador al menos 4 horas.
4. Derrite el chocolate y el aceite de coco al baño María o al microondas en pequeños golpes de calor.
5. Desmolda los helados congelados y báñalos en el chocolate, que se endurecerá enseguida.

Información nutricional	Por 100 g
Energía	203,9 kcal
Proteínas	2,7 g
Carbohidratos	16,8 g
Azúcares	13,1 g
Grasas	12,8 g

CALIPOS DE FRUTOS DEL BOSQUE

SIN

GLUTEN   LÁCTEOS   FRUTOS SECOS

RACIONES
6 unidades

TIEMPO
4 horas y 30 minutos

DIFICULTAD
1/3

MATERIAL
Batidora de mano, colador, molde calipo Cocuisine.

100 g de fresas
30 g de grosellas
70 g de moras
100 g de frambuesas
140 g de yogur de coco
   o griego
0,5 g de gelatina neutra
   en láminas

ELABORACIÓN

1. Hidrata la lámina de gelatina en agua fría al menos durante 15 minutos.
2. Calienta en un cazo los frutos rojos a fuego lento durante 10-15 minutos. Deja que se deshagan.
3. Añade la gelatina hidratada.
4. Tritura los frutos rojos con la batidora de mano y cuela para retirar las pepitas.
5. Mézclalos con el yogur.
6. Rellena los moldes de calipo y llévalos al congelador al menos durante 4 horas.

Información nutricional	Por 100 g
Energía	64,4 kcal
Proteínas	1,9 g
Carbohidratos	4,7 g
Azúcares	2,9 g
Grasas	3,5 g

Dulce y sin azúcar

ALMENDRADO DE CHOCOLATE

SIN

GLUTEN   LÁCTEOS
         (opcional)

RACIONES
6 unidades

TIEMPO
4 horas y 30 minutos

DIFICULTAD
1/3

MATERIAL
Batidora de mano, molde de minihelados Cocuisine, varillas.

200 ml de crema de coco o nata para montar (opción con lácteos)
2 peras conferencia o manzanas golden
3 cdas. de crema de almendras

PARA LA COBERTURA
80 g de chocolate 85 %
1 cda. de aceite de coco
30 g de almendras tostadas picadas

ELABORACIÓN

1. Monta la crema de coco con varillas manuales o un batidor de varillas hasta obtener una textura consistente.
2. Tritura las peras y mézclalas con la crema de almendras.
3. Integra la mezcla anterior con la nata de coco montada con movimientos envolventes y suaves.
4. Rellena los moldes de minihelado, pon los palitos y llévalos al congelador al menos 4 horas.
5. Para la cobertura, derrite el chocolate y el aceite de coco al baño María o al microondas en pequeños golpes de calor. Añade las almendras picadas.
6. Desmolda los helados congelados y báñalos en el chocolate. Este se endurecerá enseguida.

Información nutricional	Por 100 g
Energía	274,3 kcal
Proteínas	4,6 g
Carbohidratos	12 g
Azúcares	7,8 g
Grasas	22,1 g

Dulce y sin azúcar

HELADO DE GALLETA

SIN

GLUTEN   FRUTOS SECOS

RACIONES
4 raciones

TIEMPO
4 horas y 30 minutos

DIFICULTAD
2/3

MATERIAL
Procesador de alimentos, varillas, tenedor, recipiente de cristal, espátula de silicona, cuchara de helado.

4 cookies (ver pág. 52)
2 plátanos o manzanas golden
150 g de crema de coco o nata montada

ELABORACIÓN

1. En un procesador de alimentos, pica las galletas.
2. Monta la crema de coco o nata con unas varillas.
3. Chafa los plátanos con un tenedor y mézclalos con las cookies picadas.
4. Incorpora la nata montada con movimientos suaves y envolventes a la masa anterior.
5. Rellena un recipiente de cristal con la mezcla y lleva al congelador al menos 4 horas.
6. Antes de comer, deja que se descongele 15 minutos y sírvelo en bolas con una cuchara de helado.

Información nutricional	Por 100 g
Energía	250,7 kcal
Proteínas	3,9 g
Carbohidratos	22,8 g
Azúcares	6,7 g
Grasas	15,2 g

Dulce y sin azúcar

POLOS DE LIMÓN, MANGO Y MENTA

SIN

GLUTEN   LÁCTEOS   FRUTOS SECOS

RACIONES
3 unidades

TIEMPO
4 horas y 30 minutos

DIFICULTAD
1/3

MATERIAL
Colador, molde de minihelado Cocuisine, batidora de mano, cazo.

200 g de mango
½ limón
130 ml de bebida vegetal de coco o al gusto
15 g de menta fresca

ELABORACIÓN

1. Tritura el mango junto con la bebida vegetal.
2. Calienta en un cazo el puré de mango a fuego bajo sin que llegue a hervir. Añade la menta y cocínalo durante 3 minutos.
3. Apaga el fuego, tapa el cazo y deja infusionar la menta durante 20 minutos.
4. Una vez infusionado, cuela el puré para retirar la menta.
5. Añade el zumo del ½ limón y su ralladura.
6. Rellena los moldes de minihelado, coloca los palitos y lleva al congelador al menos 4 horas.

Información nutricional	Por 100 g
Energía	43,7 kcal
Proteínas	0,8 g
Carbohidratos	8,1 g
Azúcares	7,8 g
Grasas	0,6 g

Dulce y sin azúcar

POLOS DE MELÓN Y FRESA

SIN

GLUTEN   LÁCTEOS   FRUTOS SECOS

RACIONES
5 unidades

TIEMPO
4 horas y 30 minutos

DIFICULTAD
2/3

MATERIAL
Colador, molde de minihelado Cocuisine, batidora de mano, cazo.

230 g de melón
200 g de fresas
3 g de gelatina neutra
    en láminas

ELABORACIÓN

1. Tritura el melón y rellena los moldes de minihelados.
2. Lleva al congelador al menos 4 horas.
3. Hidrata la gelatina en agua fría al menos 15 minutos.
4. En un cazo calienta las fresas cortadas en trozos pequeños. Deja que se vayan deshaciendo a fuego lento durante 15 minutos.
5. Añade la gelatina hidratada y remueve para que se disuelva.
6. Tritura las fresas y pásalas por un colador.
7. Reserva y deja enfriar a temperatura ambiente.
8. Cuando el puré esté templado (a unos 32 °C), desmolda los helados y báñalos al gusto. Enseguida se creará una cobertura de fresa consistente.

Información nutricional	Por 100 g
Energía	37,4 kcal
Proteínas	1,2 g
Carbohidratos	7 g
Azúcares	6,6 g
Grasas	0,2 g

Dulce y sin azúcar

HELADO DE TURRÓN

RACIONES
4 raciones

TIEMPO
4 horas y 30 minutos

DIFICULTAD
2/3

MATERIAL

Batidora de mano, recipiente de cristal, varillas, cuchara de helado.

170 g de crema de almendra
30 g de almendras tostadas picadas
300 g de nata de coco (parte sólida) o nata para montar (contiene lácteos)
7 dátiles Medjoul o 2 plátanos

ELABORACIÓN

1. Monta la nata con unas varillas.
2. Tritura los dátiles con un dedo de agua hasta formar una pasta.
3. Mezcla la nata montada con la crema de almendra y la pasta de dátiles con movimientos envolventes.
4. Añade las almendras picadas.
5. Rellena un recipiente de cristal con la mezcla.
6. Lleva al congelador al menos 4 horas.
7. Para servir, deja a temperatura ambiente 20 minutos y haz bolas con la cuchara de helado.

Información nutricional	Por 100 g
Energía	317,9 kcal
Proteínas	9,3 g
Carbohidratos	21,8 g
Azúcares	3,2 g
Grasas	20,3 g

Dulce y sin azúcar

HELADO DE PRALINÉ DE AVELLANAS Y MASCARPONE

SIN

GLUTEN

RACIONES
8 unidades

TIEMPO
4 horas y 30 minutos

DIFICULTAD
1/3

MATERIAL
Batidora de mano, triturador o procesador de alimentos, varillas, molde de minihelados Cocuisine.

170 g de avellanas
5 dátiles Medjoul
200 ml de queso mascarpone

PARA LA COBERTURA
80 g de chocolate 85 %
1 cda. de aceite de coco

ELABORACIÓN

1. Pon las avellanas en una bandeja de horno y hornéalas 20 minutos a 200 °C.
2. Después, tritúralas con un procesador de alimentos hasta obtener una crema.
3. Tritura los dátiles con un dedo de agua con la batidora de mano hasta formar una pasta.
4. Remueve el queso con las varillas hasta que se ablande.
5. Mezcla la crema de avellanas con la pasta de dátil y el queso.
6. Rellena los moldes de minihelado, introduce los palitos y lleva al congelador al menos 4 horas.
7. Para la cobertura, derrite el chocolate y el aceite de coco al baño María o al microondas en pequeños golpes de calor.
8. Desmolda los helados congelados y báñalos en el chocolate, que se endurecerá enseguida.

Información nutricional	Por 100 g
Energía	496,9 kcal
Proteínas	8,4 g
Carbohidratos	22,3 g
Azúcares	4,6 g
Grasas	40,3 g

Dulce y sin azúcar

Tartas y tartaletas

TARTA DE MANZANA

SIN

GLUTEN FRUTOS SECOS

RACIONES
6 raciones

TIEMPO
2 horas y 30 minutos

DIFICULTAD
3/3

MATERIAL
Molde de aro de 18 cm, mandolina, amasadora, batidora de mano, rodillo, papel de horno, tenedor, cacerola, microplane o cuchillo de sierra.

PARA LA MASA QUEBRADA
200 g de harina de arroz
100 g de mantequilla fría cortada en cuadrados
30 g de dátiles Medjoul deshuesados
2 yemas de huevo
una pizca de sal

PARA EL RELLENO DE COMPOTA
5 manzanas golden
canela Ceilán
1 cda. de aceite de coco

PARA LAS LÁMINAS DE MANZANA
2 manzanas golden
20 g de aceite de coco derretido o mantequilla derretida
1 limón (para evitar que se oxiden)

ELABORACIÓN

1. Amasa con las manos la mantequilla cortada a cuadrados y la harina.

2. Tritura los dátiles con un poco de agua hasta que quede una pasta densa.

3. Añade los demás ingredientes de la masa quebrada y mezcla con ayuda de una amasadora o manualmente. Tiene que quedar una masa homogénea. No hay que excederse en el amasado ni llegar a triturarla.

4. Estira la masa con un rodillo entre dos papeles de horno hasta que tenga unos 2 mm de grosor (puedes utilizar una regla para controlarlo).

5. Deja enfriar la masa estirada durante 30 minutos en la nevera (tiene que estar bien fría).

6. Amolda la masa en el aro. Ayúdate con los dedos para quede con una forma lisa y redonda.

7. Pincha la masa con un tenedor y hornéala a 170 °C durante 20 minutos con el horno previamente precalentado.

8. Mientras, hacemos la compota. Primero, corta la manzana en cuadraditos pequeños.

9. Cocínala en una cacerola a fuego medio-bajo con el aceite y la canela. Tapa y deja que se siga haciendo durante 10 minutos hasta que los cuadraditos queden blandos y semitransparentes.

10. Deja enfriar la compota. Desmolda la masa ya horneada y vierte por encima la compota fría.
11. La compota debe quedar al ras de la masa. Si esta sobresale, puedes rallar los bordes con un microplane o cuchillo de sierra pequeño hasta que todo quede igualado.
12. Por último, toca preparar las láminas que van a quedar arriba. Corta por la mitad la manzana, quita el centro y lamínala con un cuchillo o mandolina.
13. Coloca las láminas superpuestas en forma de espiral. Se pueden hacer 3-4 vueltas.
14. Hornéala con el horno precalentado a 175 °C durante 20-30 minutos hasta que quede dorada por arriba.

Información nutricional	Por 100 g
Energía	153,7 kcal
Proteínas	1,6 g
Carbohidratos	18,7 g
Azúcares	7,6 g
Grasas	7,6 g

Dulce y sin azúcar

PASTEL DE CHOCOLATE

SIN

GLUTEN HUEVO LÁCTEOS

RACIONES
6 raciones

TIEMPO
1 hora y 30 minutos

DIFICULTAD
1/3

MATERIAL
Varillas, molde de 23 cm, colador pequeño, bandeja, tenedor.

200 g de chocolate 85 %
200 g de acuafaba (el caldo de los garbanzos en conserva)
4 plátanos
40 g de almendra molida
cacao o algarroba en polvo

ELABORACIÓN

1. Funde el chocolate al baño María o al microondas.
2. Chafa el plátano con un tenedor y mézclalo bien con el chocolate y la almendra molida.
3. Monta la acuafaba a punto de nieve e integra la mezcla anterior con movimientos envolventes y suaves.
4. Vierte la masa en el molde.
5. Hornea a 180 °C al baño María (pon agua en una bandeja apta para horno y encima de esta, el molde) durante 45 minutos con el horno precalentado.
6. Una vez listo, deja enfriar 2 horas en la nevera.
7. Espolvorea cacao en polvo por encima con un colador pequeño.

Información nutricional	Por 100 g
Energía	264,3 kcal
Proteínas	4,5 g
Carbohidratos	24,7 g
Azúcares	15,04 g
Grasas	15,01 g

Dulce y sin azúcar

TARTA DE QUESO

RACIONES
6 raciones

TIEMPO
1 hora y 20 minutos

DIFICULTAD
2/3

MATERIAL
Varillas, batidora de mano,
molde redondo de 15 cm
desmontable.

250 g de queso mascarpone
2 yogures griegos
40 g de almendra molida
4 huevos
7 dátiles Medjoul o
   2 manzanas golden
canela Ceilán
ralladura de 1 limón
frutos rojos

ELABORACIÓN

1. Triturar los dátiles con un dedo de agua hasta formar una pasta con la batidora de mano.
2. Mezclar el queso mascarpone, el yogur, los huevos, y pasta de dátil con las varillas.
3. Añade los ingredientes secos: la almendra molida, la ralladura de limón y la canela, y mezcla bien hasta que quede una masa homogénea.
4. Rellena el molde de 15 cm.
5. Con el horno precalentado, hornea a 180 °C durante 40-50 minutos hasta que la masa se dore.
6. Deja enfriar en nevera al menos 2 horas.
7. Decora la tarta con frutos rojos al gusto.

Información nutricional	Por 100 g
Energía	250,6 kcal
Proteínas	7,2 g
Carbohidratos	14,6 g
Azúcares	0,4 g
Grasas	17,7 g

Dulce y sin azúcar

TARTA DE LIMÓN Y LIMA

SIN

GLUTEN   LÁCTEOS

RACIONES
6 raciones

TIEMPO
5 horas

DIFICULTAD
3/3

MATERIAL
Molde desmontable de
15 cm, procesador de
alimentos, batidora, espátula,
papel vegetal, tapete de
horno, manga pastelera.

PARA LA BASE DE GALLETA
200 g de galletas de limón y
    de almendra (ver pág. 56)
3 cdas. de aceite de coco frío

PARA EL COULIS
220 ml de zumo de limón
ralladura de 1 lima
2 dátiles Medjoul
5 huevos
6 g de gelatina neutra en
    láminas

COBERTURA
6 claras de huevo
1 plátano o 2 dátiles triturados
ralladura de lima

Información nutricional	Por 100 g
Energía	181,7 kcal
Proteínas	8,3 g
Carbohidratos	18,4 g
Azúcares	2,3 g
Grasas	7,7 g

ELABORACIÓN

1. Hidrata la gelatina en agua fría al menos 20 minutos.

2. Tritura con un procesador las galletas y el aceite de coco hasta que quede una masa.

3. Colócala en la base del aro con un papel vegetal y con el tapete de horno debajo. Aplasta la masa con la espátula para que quede lisa y déjala enfriar en el congelador.

4. Tritura los dátiles con la batidora de mano con un pelín de agua hasta formar una pasta.

5. Mezcla los huevos, el zumo de limón, los dátiles y la ralladura. Cocina 2 minutos a fuego bajo al baño María sin parar de remover.

6. Una vez esté listo el coulis y fuera de fuego, añade las láminas de gelatina hidratadas y remueve para que se deshagan.

7. Deja enfriar el coulis a temperatura ambiente. Cuando esté templado, viértelo en el molde y deja enfriar al menos 4 horas en la nevera.

8. Monta las claras de huevo a punto de nieve.

9. Mezcla con suavidad el puré de plátano o dátil para hacer el merengue.

10. Pasar a una manga pastelera y decorar al gusto con la ralladura.

TARTA DE FRUTOS ROJOS

SIN

GLUTEN   FRUTOS SECOS

RACIONES
8 raciones

TIEMPO
8 horas

DIFICULTAD
3/3

MATERIAL
Batidora de mano, batidor de varillas, cazo, colador, cuchillo mondador, papel vegetal, molde de aro de 16 cm, molde aro de 18 cm.

PARA EL BIZCOCHO
100 g de harina de avena sin gluten
30 g de harina de arroz
3 huevos
4 dátiles Medjoul triturados (que quede una pasta)
8 g de levadura química
20 g de aceite de coco

PARA EL COULIS
200 g de frutos rojos (fresas, arándanos y frambuesas)
1 plátano chafado
3 g de gelatina neutra en láminas

PARA EL MOUSSE DE MASCARPONE
250 g de queso mascarpone
200 g de nata para montar o nata de coco
4 dátiles Medjoul triturados (formar una pasta)
6 g de gelatina neutra en láminas

ELABORACIÓN

1. Para hacer el bizcocho, mezcla los ingredientes húmedos (la pasta de dátil, los huevos y el aceite de coco derretido) y los secos (las harinas y la levadura) hasta formar una masa homogénea.

2. Vierte la masa en el molde aro de 16 cm ya engrasado y hornéalo a 180°C unos 25-30 minutos en el horno previamente precalentado. Vigila que no se queme.

3. Hidrata todas las láminas de gelatina por separado en agua fría.

4. Cuando el bizcocho esté listo, deja enfriar a temperatura ambiente, desmóldalo y ábrelo por la mitad con ayuda de un cuchillo de sierra.

5. Coloca una mitad de bizcocho en la base del molde de aro de 16 cm (que esté limpio) y llévalo al congelador.

6. Para el coulis, calentamos la fruta en un cazo y cocinamos durante 10 minutos hasta que se deshaga. Añade la gelatina. Tritura con la batidora de mano, cuela y déjalo enfriar hasta que esté templado (a unos 25°C).

7. Vierte el coulis templado al molde con la mitad de bizcocho y lleva al congelador de nuevo.

8. Pasada 1 hora, cuando el coulis haya adquirido consistencia, coloca encima la otra mitad del bizcocho y vuelve a llevar al congelador al menos otras 2 horas.

Dulce y sin azúcar

PARA EL GLASEADO

500 g de frutos rojos (fresas, arándanos y frambuesas)
6 g de gelatina neutra en láminas

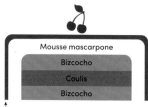

Mousse mascarpone
Bizcocho
Coulis
Bizcocho

Glaseado rojo

9. Para el mousse, ablanda el queso mascarpone con un batidor de varillas.

10. Bate la nata hasta que quede semimontada, es decir, con una textura cremosa.

11. Separa unas cucharadas de la nata para calentarlas en un cazo y añade los 5 g de gelatina hidratada hasta disolverla.

12. Mezcla la nata semimontada con el queso mascarpone e incorpora la nata con la gelatina con movimientos suaves y envolventes.

13. Cuando el centro del bizcocho y el coulis estén congelados, desmóldalo con ayuda de un cuchillo mondador.

14. Vierte ⅔ de mousse (rápido, para que la gelatina no gelifique) en el aro de 18 cm (con papel vegetal en la base), coloca el bizcocho y el coulis congelado y céntralo, después, añade más mousse hasta rellenar el molde de aro.

15. Con cuidado, vuelve a llevar al congelador al menos 4 horas. Tiene que quedar completamente congelado.

16. Para el glaseado, calienta la fruta en un cazo y cocínala durante 10 minutos hasta que se deshaga. Añade los 6 g de gelatina. Tritúralo, cuélalo y deja enfriar hasta que esté templado (a unos 32 °C).

17. Cuando la tarta esté congelada, separa los bordes con ayuda de un cuchillo para desmoldarla.

18. Glasea la tarta desde el centro y deja que caiga hasta que toda la tarta quede cubierta.

19. Deja descongelar antes de servir.

Información nutricional	Por 100 g
Energía	199,9 kcal
Proteínas	5,1 g
Carbohidratos	16,1 g
Azúcares	3,6 g
Grasas	12,3 g

Dulce y sin azúcar

TARTA DE ZANAHORIA

RACIONES
6 raciones

TIEMPO
8 horas

DIFICULTAD
2/3

MATERIAL
Procesador de alimentos, varillas, molde rectangular de 24 cm.

240 g de zanahoria cruda
200 g de harina de arroz integral o de trigo sarraceno
30 g de almendra en polvo
4 huevos
7 g de levadura
7 dátiles Medjoul, 60 g de pasas o 3 plátanos
canela Ceilán al gusto
40 g de aceite de coco
ralladura de 1 naranja

PARA EL *FROSTING*
300 g de queso en crema o mascarpone
2 peras conferencia
nueces para decorar

Información nutricional	Por 100 g
Energía	223,8 kcal
Proteínas	5,3 g
Carbohidratos	21,5 g
Azúcares	3,8 g
Grasas	12,3 g

ELABORACIÓN

1. En un procesador de alimentos tritura la zanahoria y los dátiles deshuesados.
2. Bate los huevos y mezcla con la zanahoria y los dátiles.
3. Tamiza la harina junto con la levadura y mezclar con la canela, la ralladura y la almendra en polvo.
4. Mezcla los ingredientes secos y húmedos (menos el aceite de coco) hasta que quede una masa homogénea.
5. Añade el aceite de coco derretido y vuelve a mezclar bien.
6. Rellena el molde desmontable rectangular de 24 cm.
7. Hornea a 180 °C con el horno precalentado durante 40 minutos aproximadamente.
8. Para la cobertura, chafamos las peras y las mezclamos bien con el queso en crema.
9. Una vez horneado el bizcocho, desmoldamos y añadimos por encima la cobertura y las nueces al gusto.

TARTA DE MANGO

SIN

GLUTEN   LÁCTEOS
(opcional)

RACIONES
8 raciones

TIEMPO
2 horas y 30 minutos

DIFICULTAD
2/3

MATERIAL

Molde desmontable
de 23 cm, procesador de
alimentos o batidora
de mano, cazo, varillas,
espátula de silicona.

PARA LA BASE *CRUMBLE*

7 dátiles Medjoul
100 g de almendras
50 g de copos de avena sin
    gluten
100 g de nueces o pistachos
1 cda. de aceite de coco

PARA EL RELLENO

250 ml de nata de coco para
    montar o nata de vaca
    (contiene lácteo)
½ cdta. de polvo de vainilla
50 g de crema de pistacho
1 plátano o pera conferencia
7 g de gelatina en láminas

PARA EL COULIS DE MANGO

250 g de mango
6 g de gelatina en láminas
pistachos para decorar

Información nutricional	Por 100 g
Energía	319,5 kcal
Proteínas	7,4 g
Carbohidratos	20,9 g
Azúcares	7,2 g
Grasas	21,9 g

ELABORACIÓN

1. Hidrata la gelatina 20 minutos en agua fría por separado (para el relleno y para el coulis).

2. Tritura todos los alimentos de la base en un procesador de alimentos hasta formar una pasta. Cubre con ella el molde y ponla en el congelador 30 minutos. Mientras, semimonta la nata con las varillas y reserva en la nevera.

3. Chafa el plátano o la pera y mezcla con la crema de pistacho y la vainilla hasta que obtengas una consistencia semilíquida y homogénea.

4. Calienta unas cucharadas de la nata semimontada en un cazo. Cuando salga humo, retira del fuego y añade la gelatina. Remueve hasta que se deshaga.

5. Mezcla la nata con los 7 g de gelatina y con la crema de pistacho, y mezcla con la elaboración anterior con movimientos envolventes y una espátula de silicona.

6. Vierte el relleno encima de la base y ponlo en el congelador al menos 1 hora y media.

7. Prepara el coulis 30 minutos antes. Bate el mango y caliéntalo en un cazo. Añade los 6 g de gelatina hidratada y deja templar (a unos 30 °C).

8. Con el relleno congelado, pon el coulis de mango encima. Enfría en la nevera 30 minutos y decora con los pistachos por encima. Descongela antes de servir.

Dulce y sin azúcar

TARTALETAS DE MOUSSE DE CHOCOLATE

SIN

GLUTEN   FRUTOS SECOS

RACIONES
5 raciones

TIEMPO
4 horas

DIFICULTAD
1/3

MATERIAL
Batidor de varillas, molde de magdalenas Cocuisine, manga pastelera con boquilla lisa o rizada.

PARA LA MASA *SABLÉ*
130 g de harina de arroz integral
3 yemas de huevo
50 g de mantequilla fría
una pizca de sal

PARA EL MOUSSE DE CHOCOLATE
5 claras de huevo
120 g de chocolate 85 % Cocuisine
40 g de chocolate en pepitas o para rallar

ELABORACIÓN

1. Corta la mantequilla en cuadraditos.
2. Amasa la harina con la mantequilla hasta que quede una textura arenosa. Puedes hacerlo con las manos.
3. Añade las yemas y la sal y mezcla hasta obtener una textura homogénea.
4. Deja reposar la masa en la nevera 30 minutos.
5. Amolda la masa en los moldes de magdalenas. Tiene que quedar una capa fina de unos 0,5 cm de grosor.
6. Hornea a 180 °C con el horno precalentado durante 15 minutos hasta que estén doraditas.
7. Deja enfriar 15 minutos y desmóldalas.
8. Para el mousse derrite el chocolate al baño María o al microondas en pequeños golpes de calor.
9. Monta las claras a punto de nieve y mezcla con el chocolate con movimientos suaves y envolventes.
10. Pasa el mousse a una manga pastelera y rellena la tartaleta al gusto. Puedes utilizar la boquilla que prefieras.
11. Añade por encima las pepitas de chocolate.
12. Deja enfriar en nevera al menos 3 horas.

Información nutricional	Por 100 g
Energía	357,5 kcal
Proteínas	8,7 g
Carbohidratos	27,4 g
Azúcares	7,3 g
Grasas	22,8 g

Dulce y sin azúcar

TARTALETAS DE CREMA PASTELERA

SIN

GLUTEN   FRUTOS SECOS

RACIONES
5 raciones

TIEMPO
1 hora y 30 minutos

DIFICULTAD
2/3

MATERIAL
Varillas, molde de magdalenas Cocuisine, cazo, bandeja, papel film, bol, manga pastelera.

PARA LA MASA *SABLÉ*
130 g de harina de arroz integral
3 yemas de huevo
50 g de mantequilla fría
una pizca de sal

PARA LA CREMA PASTELERA
375 ml de leche
34 g de maicena
4 yemas
1 vaina de vainilla
5 dátiles Medjoul o 2 manzanas golden

DECORACIÓN
frambuesas
arándanos

Información nutricional	Por 100 g
Energía	218,7 kcal
Proteínas	5,8 g
Carbohidratos	27,4 g
Azúcares	2,6 g
Grasas	9,2 g

ELABORACIÓN

1. Amasa la harina con la mantequilla cortada a cuadritos en una textura arenosa. Añade las yemas y la sal. Deja reposar la masa en la nevera 30 minutos.
2. Amolda la masa en los moldes en capas de unos 0,5 cm de grosor.
3. Hornea a 180 °C con el horno precalentado durante 15 minutos. Deja enfriar 15 minutos y desmóldalas.
4. Para la crema pastelera, tritura los dátiles con un pelín de agua hasta formar una pasta. Abre la vaina de vainilla por la mitad y añade las semillas a la leche.
5. Mientras, mezcla las yemas, la pasta de dátiles y la maicena y blanquéalas.
6. Cuando la leche humee, añade un poquito en las yemas blanqueadas y remueve bien con las varillas. Después, incorpora el resto de la leche y vuelve a mezclar con las varillas. Vierte la mezcla en el cazo a fuego medio-bajo y remueve hasta que espese.
7. Deja enfriar la crema pastelera estirada en una bandeja. Tapa con papel film y métela en la nevera.
8. Cuando esté fría, vuelve a pasarla a un bol y remueve para obtener una consistencia lisa y más jugosa.
9. Pasa la crema a una manga pastelera y rellena las tartaletas. Decora con frambuesas y arándanos.

TARTALETA DE QUESO Y FRESA

SIN

GLUTEN   FRUTOS SECOS

RACIONES
5 raciones

TIEMPO
1 hora y 30 minutos

DIFICULTAD
1/3

MATERIAL
Varillas, espátula, batidora de mano, molde de magdalenas Cocuisine, colador, cazo.

PARA LA MASA *SABLÉ*
130 g de harina de arroz integral
3 yemas de huevo
50 g de mantequilla fría
una pizca de sal

PARA EL RELLENO
200 g de queso mascarpone o queso crema
250 g de fresas
2 g de gelatina neutra
1 pera conferencia o manzana golden

DECORACIÓN
3 fresas

Información nutricional	Por 100 g
Energía	224,9 kcal
Proteínas	3,6 g
Carbohidratos	15,8 g
Azúcares	3,6 g
Grasas	16 g

ELABORACIÓN

1. Corta la mantequilla en cuadraditos.
2. Con las manos, amasa la harina con la mantequilla hasta que quede una textura arenosa.
3. Añade las yemas y la sal y amasa hasta que quede una textura homogénea.
4. Deja reposar la masa en la nevera 30 minutos.
5. Amolda la masa en los moldes de magdalenas. Tiene que quedar una capa fina de unos 0,5 cm de grosor.
6. Hornea a 180 °C con el horno precalentado durante 15 minutos hasta que estén doraditas.
7. Deja enfriar 15 minutos y desmóldalas.
8. Para hacer el relleno, hidrata las láminas de gelatina en agua fría al menos 15 minutos.
9. Tritura la pera con las fresas. Calienta en un cazo hasta que hierva.
10. Añade la gelatina hidratada.
11. Cuela el puré.
12. Ablanda el queso con las varillas removiendo bien.
13. Mezcla el puré de frutas con el mascarpone.
14. Vierte la mezcla en las tartaletas y deja enfriar en la nevera un mínimo de 2 horas.
15. Para decorar, lamina las fresas muy finas y colócalas encima.

Dulce y sin azúcar

TARTALETA DE PERAS POCHADAS

SIN

GLUTEN FRUTOS SECOS

RACIONES
5 raciones

TIEMPO
2 horas

DIFICULTAD
2/3

MATERIAL
Molde de magdalenas Cocuisine, cuchara, cuchillo, cazo.

PARA LA MASA *SABLÉ*
130 g de harina de arroz integral
3 yemas de huevo
50 g de mantequilla fría
una pizca de sal

PARA EL RELLENO DE PERA
3 peras conferencia
2 ramas de canela
1 vaina de vainilla

ELABORACIÓN

1. Corta la mantequilla en cuadraditos.
2. Amasa la harina con la mantequilla hasta que quede una textura arenosa. Puedes hacerlo con las manos.
3. Añade las yemas y la sal y amásalo bien.
4. Deja reposar la masa en la nevera 30 minutos.
5. Amolda la masa en los moldes de magdalenas. Tiene que quedar una capa fina de unos 0,5 cm de grosor.
6. Hornea a 180 °C con el horno precalentado durante 15 minutos, hasta que estén doraditas.
7. Deja enfriar 15 minutos y desmóldalas.
8. Pela las 3 peras. No les cortes la base ni el rabo.
9. Abre la vaina de vainilla y retira las semillas.
10. Cuece las peras a fuego medio-bajo junto con las semillas, la piel de la vainilla y la canela durante 12-15 minutos, hasta que queden blandas pero firmes.
11. Deja enfriar a temperatura ambiente o en la nevera.
12. Corta 2 peras por la mitad, retira el centro y córtalas en cuadrados pequeños.
13. Rellena las tartaletas con ellas y aplástalas un poquito con una cuchara para alisar la masa.
14. Corta la tercera pera por la mitad, quita el centro, la base y el rabo. Córtala en láminas finas y colócalas superpuestas encima del relleno.

Información nutricional	Por 100 g
Energía	167,8 kcal
Proteínas	2,6 g
Carbohidratos	20,8 g
Azúcares	7 g
Grasas	7,5 g

Dulce y sin azúcar

TARTALETAS DE YOGUR Y FRUTAS

SIN

GLUTEN FRUTOS SECOS

RACIONES
5 raciones

TIEMPO
1 hora y 30 minutos

DIFICULTAD
1/3

MATERIAL
Batidora de mano, molde
de magdalenas Cocuisine,
varillas, espátula.

PARA LA MASA *SABLÉ*
130 g de harina de arroz
   integral
3 yemas de huevo
50 g de mantequilla fría
una pizca de sal

PARA EL RELLENO
350 g de yogur griego
   o vegetal
2 g de gelatina neutra
1 caqui
1 manzana golden o plátano
canela Ceilán

DECORACIÓN
uvas, frambuesas, kiwi,
   arándanos, plátano

Información nutricional	Por 100 g
Energía	172,1 kcal
Proteínas	3,5 g
Carbohidratos	16,5 g
Azúcares	4,5 g
Grasas	9,8 g

ELABORACIÓN

1. Corta la mantequilla en cuadraditos.
2. Amasa la harina con la mantequilla hasta que quede una textura arenosa. Puedes hacerlo con las manos.
3. Añade las yemas y la sal y amasa hasta que quede una textura homogénea.
4. Deja reposar la masa en la nevera 30 minutos.
5. Amolda la masa en los moldes de magdalenas. Tiene que quedar una capa fina de unos 0,5 cm de grosor.
6. Hornéalas a 180 °C con el horno precalentado durante 15 minutos hasta que estén doraditas.
7. Deja enfriar 15 minutos y desmóldalas.
8. Hidrata las láminas de gelatina en agua fría al menos 15 minutos.
9. Bate el caqui y la manzana. Calienta la fruta en un cazo y cuando hierva, apaga el fuego y añade la gelatina hidratada.
10. Mezcla el yogur, el puré de fruta y la canela al gusto.
11. Vierte la mezcla en las tartaletas.
12. Deja enfriar en la nevera al menos 2 horas.
13. Coloca por encima las frutas naturales al gusto.

Dulce y sin azúcar

IDEAS DE MENÚS SEMANALES

¿Cuántas veces a la semana es aconsejable consumir la repostería saludable y cómo combinarla de manera correcta con los demás alimentos?

Aunque la repostería sea libre de azúcares, edulcorantes, aditivos perjudiciales y harinas refinadas, es aconsejable, según los especialistas, consumirla no más de 2 a 3 veces por semana para no sustituir ciertos alimentos indispensables en nuestra alimentación.

Estos son dos ejemplos de menús saludables semanales supervisados por la nutricionista Blanca García-Orea que te ayudarán a hacerte una idea de cómo consumir y combinar la repostería saludable en las diferentes comidas del día.

LUNES	MARTES	MIÉRCOLES	JUEVES	VIERNES	SÁBADO	DOMINGO
DESAYUNO						
Café o infusión Tosta integral con tomate, AOVE y jamón cocido + fruta	Café o infusión 2 huevos revueltos con queso fresco 1 cookie de chocolate (pág. 54)	Café o infusión Pan de masa madre con jamón ibérico y aguacate + arándanos	Café o infusión Tortitas de avellana (pág. 82) con chocolate 85 % Cocuisine y fresas	Café o infusión 2 huevos a la plancha con queso fresco y aguacate con AOVE y orégano + nueces	Café o infusión Porridge de avena y manzana	Café o infusión Tosta integral con crema de frutos secos y plátano Yogur con frambuesas
COMIDA						
Crema de verduras Filete de ternera a la plancha con ensalada	Guiso de patatas, merluza y alcachofas	Tortilla de calabacín y puerro Ensalada de tomate, lechuga, atún y queso	Pisto de verduras Pavo a la plancha	Judías verdes rehogadas con cebolla y ajo Dorada al horno Arroz con «leche» (pág. 90)	Espárragos verdes a la plancha Albóndigas de ternera con zanahoria y guisantes	Lentejas con verduras

LUNES	MARTES	MIÉRCOLES	JUEVES	VIERNES	SÁBADO	DOMINGO
CENA						
Caldo de huesos Revuelto de champiñones	Bimi cocido Filete de pollo a la plancha	Minipizzas de berenjena con tomate, atún y queso mozzarella	Alcachofas a la plancha con jamón ibérico	Sopa de verduras Tortilla francesa con jamón cocido	Hummus de garbanzo Setas a la plancha	Coliflor cocida Filete de gallo a la plancha

LUNES	MARTES	MIÉRCOLES	JUEVES	VIERNES	SÁBADO	DOMINGO
DESAYUNO						
Café o infusión Yogur de cabra con manzana, nueces y pepitas de chocolate 85 % Cocuisine	Café o infusión Tosta integral con aguacate y queso fresco Bizcocho de chocolate (pág. 44)	Café o infusión 2 huevos a la plancha con aguacate y pavo	Café o infusión Pan integral de masa madre con tomate y AOVE	Café o infusión Tostas de tahini con plátano y fresas	Café o infusión Tortilla de 2 huevos y taquitos de tomate natural + fruta	Café o infusión Crepe salada con aguacate y rodajas de tomate + fruta
COMIDA						
Lasaña de verduras con láminas de calabaza	Guisantes con jamón Salmón a la plancha	Hélices de lenteja roja rehogadas con pimiento rojo, calabacín y cebolla	Ensalada con tomate, lechuga, huevo duro y patata cocida Filete de ternera a la plancha	Potaje de garbanzos y espinacas	Pizza con base de trigo sarraceno con tomate, champiñones, jamón cocido y queso	Coles de Bruselas rehogadas con taquitos de jamón Filete de pavo a la plancha 1 porción de tarta de queso (pág. 184)
CENA						
Crema de puerro y patata Sardinas a la plancha	Alcachofas al horno Revuelto de espárragos verdes y champiñones	Habas rehogadas con jamón ibérico Filetes de gallo a la plancha	Tortilla de coliflor cocida y cebolla	Judías verdes con patata cocida Jamón cocido o pavo y queso fresco de cabra	Gazpacho Filete de pollo	Caldo de huesos Acelgas rehogadas

CONSERVACIÓN DE LA REPOSTERÍA

¿Cuánto tiempo podemos conservar la repostería casera?

Teniendo en cuenta que las recetas no llevan ningún tipo de conservante artificial ni azúcares, podrían durar según los ingredientes que contengan.

CONSERVACIÓN DE LA REPOSTERÍA

ELABORACIONES	DÍAS	EN NEVERA OBLIGATORIO	APTO PARA CONGELAR YA COCINADO
BIZCOCHO/ MAGDALENAS CON HUEVO	3 días	SÍ	SÍ, máximo 3 meses
BIZCOCHO/ MAGDALENAS SIN HUEVO	5 días	SÍ	SÍ, máximo 3 meses
GALLETAS CON HUEVO	3 días	SÍ	SÍ, máximo 3 meses
GALLETAS SIN HUEVO	Máximo 4 días	SÍ	SÍ, máximo 3 meses
MOUSSE CON HUEVO CRUDO	Consumo inmediato	SÍ	No congela bien
MOUSSE CON LÁCTEOS	3 días	SÍ	No congela bien
NATA MONTADA	2 días	SÍ	No congela bien
TARTAS CON CREMAS	3 días	SÍ	No congela bien
TORTITAS Y CREPES CON HUEVO	3 días	SÍ	SÍ, máximo 3 meses
TORTITAS Y CREPES SIN HUEVO	Máximo 4 días	SÍ	SÍ, máximo 3 meses
HELADOS CON FRUTA			SÍ, máximo 3 meses
FLANES CON HUEVO	3 días	SÍ	No congela bien
FLAN DE FRUTAS Y GELATINA	3 días	SÍ	SÍ, máximo 3 meses
ARROZ CON «LECHE»	3 días	SÍ	No congela bien
TABLETA DE CHOCOLATE O BOMBONES CON FRUTOS SECOS	De 4 a 6 meses	NO NECESARIA- MENTE	SÍ, máximo 6 meses

CONCLUSIÓN

Uno de los grandes problemas de la sociedad actual es el alto consumo de azúcares y harinas refinadas en todas las edades y etapas de nuestra vida. Sabemos que este tipo de dieta a medio-largo plazo puede ser el causante de numerosas patologías, enfermedades y dolencias que llegarán a acompañarnos durante muchos años si no hacemos pequeños cambios en nuestros hábitos alimentarios.

Son, pues, esas decisiones diarias en nuestra alimentación las que marcarán un antes y un después en nuestra salud.

Ahora bien, aunque la alimentación es fundamental para mejorar la calidad y esperanza de vida, no es el único factor importante para alcanzar una buena salud. También debemos tener en cuenta nuestros hábitos (como llevar un estilo de vida activo frente al sedentarismo), el entorno que nos rodea, qué productos utilizamos para nuestra piel, qué aire respiramos o cómo y con qué utensilios cocinamos todos los días.

En este libro he querido hacer énfasis precisamente en este último aspecto teniendo en cuenta que cocinar es una tarea diaria y que tanto influye en nuestro día a día. Por eso, desde las primeras páginas, te he animado a que reflexionaras sobre las siguientes preguntas: ¿estás utilizando los materiales correctos para cocinar? ¿Hasta qué punto nos afecta la exposición diaria a sustancias tóxicas? ¿Utilizas las técnicas adecuadas para cocinar los alimentos y así sacarles el máximo beneficio posible a sus nutrientes?

Dulce y sin azúcar surgió con el objetivo de ofrecer un conocimiento global sobre utensilios libres de materiales tóxicos, consejos sobre técnicas y trucos culinarios, cómo sustituir ciertos ingredientes, además de incluir recetas dulces saludables adaptadas a todo el mundo, incluidas las personas que sufren algún tipo de intolerancia, alergia o patología.

¿Te atreves a marcar un antes y un después en tu vida?

AGRADECIMIENTOS

A Rubén, por quererme, darme alas y dar forma a todos nuestros proyectos.

A mi hermana Blanca y a mi hermana Belén, por cuidarme y ser mi apoyo incondicional.

A mis padres y mi tío, por ser los cimientos de la persona que soy hoy.

A mi pequeño Bosco y mis cuñados, por ser mi alegría y formar parte de mi vida.

A Alba y a May, por ayudarme y seguirme sin límites.

Y en especial, a mi suegro, Antonio, por enseñarme a luchar y ser mi inspiración en un mundo que nos gustaba y compartíamos: la cocina. Sé que siempre nos acompañarás en cada paso que demos

ÍNDICE DE RECETAS

Dulce y sin azúcar

Índice de recetas

ÍNDICE DE INGREDIENTES

Dulce y sin azúcar

Índice de ingredientes